스웨덴에서 한국의 미래를 꿈꾸다

스웨덴에서 한국의 미래를 꿈꾸다

초판발행 2019년 4월 26일
초판 2쇄 2020년 2월 10일

지은이 홍희정, 홍성현
펴낸이 채종준
기획·편집 이아연
디자인 서혜선
마케팅 문선영

펴낸곳 한국학술정보(주)
주 소 경기도 파주시 회동길 230(문발동)
전 화 031-908-3181(대표)
팩 스 031-908-3189
홈페이지 http://ebook.kstudy.com
E-mail 출판사업부 publish@kstudy.com
등 록 제일산-115호(2000. 6. 19)

ISBN 978-89-268-8764-6 03330

홍희정, 홍성현 지음

스웨덴에서 한국의 미래를 꿈꾸다

Thinking of Korea's future in Sweden

들어가며
—

Hej!

Jag skulle vilja sända ett varmt tack till proffesor Gabriele Griffin, proffesor Helena Wahlström Henriksson och kollegorna på Centrum för genusvetenskap vid Uppsala Universitet. De har varit oerhört uppmuntrande och supporterande såatt jag inte kände mig ensam i den nya omgivningen.

최근 북유럽 신드롬(Syndrome)이 한국을 뒤흔들고 있다. 소소한 인테리어 소품에서부터 음악, 패션 그리고 사회 복지 제도까지 다양한 분야에서 북유럽 스타일이 소개되고 있으며, 지금도 관련 뉴스와 정보들이 쏟아지고 있다. 이제는 소위 '북유럽 통'이라는 전문가들도 등장하였고 색다른 여행지로 북유럽이 주목받는 등 이 곳이 더 이상 낯설게 느껴지지 않게 되었다.

2013년 박사 과정 중 학교 지원으로 처음 경험한 스웨덴에서의 생활은 마냥 즐겁고 재미있었다. 행복한 6개월을 보내고 귀국한 뒤 학위도 마치고 취업도 했다. 그러나 스웨덴을 제대로 알고 싶다는 갈망에 결국 직장을 그만두고 다시 스웨덴을 찾게 되었다. 그렇게 북유럽의 중심인 스웨덴에서 어느새 4년째 살고 있다. 하지만 오히려 이곳에 대한 궁금증이 더 커지고 있다.

2016년 다시 스웨덴 생활을 시작할 때 쯤, 마침 서울복지재단에서 스웨덴 복지 정책 관련 원고 의뢰를 받게 되었다. 솔직히 이제는 어느 정도 알고 있다는 자신감과 복지 천국이라 불리는 스웨덴이기에 있는 제도만 잘 소개해줘도 되지 않을까라는 생각에 용감하게 기고를 수락하였다. 그러나 지식이 쌓일수록 겉으로 드러난 제도의 겉모습보다는 그 이면에 있는 '사회적 합의'가 더 중요하다는 사실을 깨닫게 되었다. 왜냐하면 스웨덴에서 사회적 이슈가 발생하면 짧게는 수년, 길게는 수십 년의 논의를 거쳐 그 함의를 제도라는 틀에 담기 때문이다. 그렇기에 이 사실을 어떻게든 함께 나누고 싶었다.

이 책의 기본 골격은 서울복지재단의 '복지이슈 Today'다. 복지이슈 투데이는 한국뿐 아니라 다양한 국가들의 복지 제도와 관련 이슈 등을 소개하는 월간지로 대중적 이슈를 주로 다루지만 때로는 전문적인 내용도 포함된다. 그럴 때면 지면 제한으로 모든 내용을 설명하기 힘들고, 특히 제도 이면에 숨겨진 함의까지 드러내기에는 한계가 있었다. 그래서 중요 이슈들에 대한 심도 있는 분석과 한국에서의 적용 등 보다 발전된 논의를 위하여 이 책을 시작하게 되었다.

이 책은 복지 이슈를 중심으로 스웨덴에 대한 다섯 가지 주제를 다루고 있다. 첫째는 '워라밸'로 일 생활 균형, 근로 시간(6시간) 단축 등을 소개하였다. 둘째는 '나눔'으로 2018년 정부예산안을 통해 살펴본 사회 복지 개혁과 난민 정책 등을 담고 있다. 셋째는 '근로자의 권리'로 기본 소득, 일자리 정책, 자영업자 지원 정책 등을 다루고 있다. 넷째는 '개인 행복'으로 스웨덴에서의 인격권에 대한 인식을 비롯하여 독거노인, 1인 가구 지원, 커뮤니티 케어를 설명하였다. 마지막은 '지속 가능'으로 스웨덴 민간 자원 연계 방안으로 활용되는 세컨핸드 숍, 청소년 정신 건강, 한파 등 재난에 대응하기 위한 대책, 애완동물을 기르는 반려인의 자격에 대해 이야기하였다.

이 책을 읽으면 일부 독자는 다소 어색하거나 불편함을 느낄 수도 있다. 왜냐하면 지금까지 우리가 들어왔던 이상적인 모습의 스웨덴이 아닐 수 있기 때문이다. 실제 내가 그러했다. 2016년 다시 스웨덴에 왔을 때 '복지 천국'이라는 말이 무색할 정도로 너무나 놀라운 상황에 직면했다. 갑자기 아파서 병원에 갔더니 일단 기다리라고 하고 바로 치료해 주지 않았다. 나중에 알았지만 사전 예약이 일반적인 스웨덴에서는 예약 없이 방문하면 무조건 기다려야만하고, 의식이 없거나 목숨이 위태로운 경우가 아니라면 응급실에서도 일단 대기해야만 한다. 그래서 일 년에 한두 건 정도 응급실에서 대기하던 환자가 죽는 사고도 발생하고 있다. 또한 이민자의 정착을 돕고자 무료로 제공하는 스웨덴어 교육만으로는 제대로 된 직장을 잡을 정도로 충분하지 않아 사교육을 받는 사람도 있다. 게다가 외국인 학생들을 위한 학비 제도가 없어지면서 새로운 장학 제도가 생겨났지만, 그 혜택은 일부 학생들로 제한되었다. 이처럼 많은 것이 바뀌고 있음에도 불구하고 개인의 인격을 가장 중요한 가치로 인정하고, 사회적 약자를 배려하는 등 스웨덴은 여전히 본받을 만한 세계 최고의 국가 중 하나임은 확실하다. 다만 이상적인 스웨덴이 아닌, 과거의 스웨덴도 아닌, 실제의 스웨덴을 소개하고자 노력하였다.

펜을 놓는 이 순간! 아쉬움과 감사의 마음이 교차한다. 학문의 길로 이끌어주신 박정수 교수님, 낯선 이국땅에서 외롭지 않도록 따뜻하게 맞아주고 관심과 격려를 아끼지 않았던 웁살라대학교 젠더 연구 센터 동료들, 스웨덴의 생생한 사회 복지 현장 경험을 들려주신 윤영희 선생님, 좋은 글을 쓸 수 있게 도와주신 서울복지재단의 이수영 박사님, 김혜정 박사님, 안철홍 박사님, 책으로 낼 수 있게 출판을 허락해준 서울복지재단과 이담북스, 그리고 많은 지인들에게 감사한 마음을 전한다. 마지막으로 작년 여름 멀리 스웨덴까지 고모를 만나러 온 사랑하는 두 조카 홍기율과 홍지율 그리고 새언니 사공영애님과 스웨덴에서 또 한국에서 좋은 연구자가 되도록 항상 기도해 주시는 어머니 조향자 여사님께 이 책을 바친다.

2019년 3월
오백 년의 지식이 살아있는
웁살라 대학교에서 저자를 대표해서 홍희정 씀

목차

지속 가능한 나라

워라밸(Work-Life Balance)이
실현되는 나라

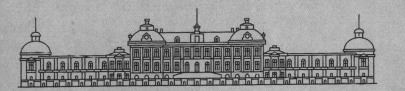

"A country where offers the best **work-life balance**"

일 생활 균형을 통한
패러다임의 대전환

　　2017년 말 청와대는 양성평등 구현을 위해 사용했었던 '일·가정 양립'이라는 표현 대신 '일 생활 균형'으로 대체한다고 발표하였다. 그동안 잘 사용해 왔었던 용어를 바꾸게 된 이유는 1인 가구의 증가 등 기존 정상가족[1]으로는 포용할 수 없는 형태의 가정들이 등장하였기 때문이다. '일 가정 양립'이라는 용어는 1800년 서구에서부터 시작된 개념으로 노동을 제공하고 돈을 벌기 위한 직장 생활과 더불어 가

---

1 사회에서 말하는 '정상가족'이란, 아빠, 엄마, 그리고 정상 자녀로 이루어져있는 전형적인 핵가족 형태의 가족을 익미하므로 기러기 아빠, 무자녀 가족, 입양 가족, 동거 가족, 조손 가족, 동성 결혼 가족처럼 정상 가족의 모습과는 조금 다른 형태의 가족을 비정상적으로 본다는 메시지를 함의하고 있다(출처 : 위키피디아 정상가족 이데올로기).

족에 대한 책임까지도 함께 보장받을 수 있도록 하는 일련의 조치들로 이해되었다. 그러던 중 1970년대 후반 개인의 삶을 강조하는 개인주의가 확산되면서 영국에서 처음으로 '일 생활 균형'이라는 개념이 등장하였고, 이후 유럽 사회에서의 '일·가정 양립'은 일과 가족 돌봄의 문제를 넘어 일과 생활의 균형을 유지하기 위한 개념으로 확장되었다.

스웨덴도 다른 유럽 국가들과 마찬가지로 1970년대 후반부터 공식적으로 '일 생활 균형'이라는 용어를 사용하였다. 이는 여성의 사회 진출을 도모하고자 개인 과세 단위의 채택, 육아 휴직 체계화 등 양성평등을 위한 대개혁을 감행했던 1970년대 분위기와 그 맥락을 함께한다. 당시 총리였던 올로프팔메(Sven Olof Joachim Palme)는 인권, 민주주의, 경제 성장을 위한 양성평등의 중요성을 발표하였으며, 이에 맞는 구체적인 정책들을 디자인하고 시행했다. 이러한 조치를 통해 스웨덴은 양성평등 우수 국가로 거듭날 수 있었으며, 2014년에는 세계 최초로 페미니즘 정부를 표방하는 등 양성평등 부문에서 단연 선두를 차지하고 있다.

스웨덴 양성평등 정책의 기본 목적은 여성과 남성이 건강한 사회를 건설하고, 본인의 삶을 영위하기 위해서는 양성이

동등한 힘을 가질 수 있어야 하므로 여성과 남성이 사회구조, 선입견 및 고정 관념에 저해됨 없이 성장할 수 있도록 여건을 갖추도록 하는 것이다. 이와 같은 양성평등 정책의 기조 아래 2018년 새롭게 변화될 스웨덴의 양성평등 정책에 대해 살펴보고자 한다. 2017년 11월 7일 현재 스웨덴 총리인 스테반 뢰반(Stefan Löfven)은 양성평등 정책 동향을 발표하였다. 주요 내용을 살펴보면 첫째, 양성 평등의 실질적 구현을 위하여 남성의 참여를 강화하는 것이다. 남성의 양성평등 활동 참여는 정책의 구현을 위한 전제 조건이며, 일부의 여성 혐오와 같은 극단적이고 편협한 성차별 인식은 여성은 물론 남성에게도 부정적인 영향을 미치게 된다. 이에 스웨덴 정부는 2016년 이후부터 스웨덴 지방 정부 연합(Swedish Association of Local Authorities and Regions)과 협력하여 남성과 소년들을 대상으로 양성평등 강화 활동을 시작하였으며, 2017년에는 양성평등한 건강 · 보건 의료, 교육, 부모 역할, 폭력 방지 등의 분야에서 심도 있는 활동을 진행하고 있다. 둘째, 여성에 대한 남성의 폭력 방지를 위해 국가 전략을 마련하였다. 스웨덴 정부는 명예 폭력(Honor-related), 인신매매, 매춘 등과 관련하여 여성에 대한 남성의 폭력을 방지하기 위하여 지침[2]을 제정하였고, 이를 추진하기 위하여 2017년부터 2020년까지 6억 크로나(한화 약 800억 원)를 배정하였다. 셋째, 자유의지(Free will)에 기반한 새로운 성범죄 법안의 제정이다. 스웨덴은 새로운 법안을 통해 성범죄에 대한 기준을 보다 명확하게 규정하였다. 넷째, 양성평등 향상을 위한 정부 부처 내 활동의 강화이다. 스웨덴은 정책 형성 과정 전반에 성 인지적 관점[3]을 반영할 수 있도록 지속적으로 노력하고 있다. 다섯째, 양성평등청의 신설이다. 스웨덴 국립 감사원은 보고서를 통해 양성평등 사업을 강화하고 장기적인 접근과 지속 가능성을 보장하기 위한 제도가 필요하다고 제언하였다. 이에 따라 관련 업무를 체계적으로 시행할 수 있도록 2018년 양성평등청을 신설하기로 하였다. 이 발표의 실효성 제고를 위하여 2018년 예산안에 사회 구성원 모두의 개별 소득 증대를 가져올 수

---

2 이 지침은 10개년 국가 전략으로 폭력 퇴치를 위한 효과적인 예방법, 폭력을 당한 여성과 아동을 보호하고 지원함에 있어서의 강화, 효과적인 범죄 대응, 폭력에 대한 효과적인 방법론의 개발 등 네 가지를 주요 목적으로 한다. 이 전략은 특히 예방 조치 및 남성의 양성평등에의 참여를 강조한다.

3 성 인지적 관점이란 기본적으로 남성과 여성은 다른 이해와 요구를 가지고 있다고 전제한다. 따라서 남성과 여성의 삶을 비교하고, 여성의 삶의 경험을 반영하여 특정한 개념이 특정 성에게 유리하거나 불리하지 않은지, 성 역할 고정 관념이 개입되어 있지 않은지 등을 분석에 적용하는 것을 의미한다(오정진 외, 2002).

있는 복지 강화 방안도 포함되어 있다.

　스웨덴은 실질적 양성평등을 구현한 국가로 알려져 있다. 그럼에도 최근 전 세계적인 #MeToo[4] 캠페인의 확산에 대하여 사회적 책임을 공감하고 앞으로도 계속해서 양성평등 정책을 강화해 나갈 것임을 천명하였다. 2018년 한국은 '일 생활 균형'이라는 새로운 목표를 제시하였다. 우리나라는 그동안 근면함과 성실함으로 가난을 이겨낸 자랑스러운 국가였지만, 한편으로는 OECD 국가 중 멕시코를 제외하고 가장 긴 노동 시간을 기록하고 있는 국가이기도 하다. '일 생활 균형'이라는 패러다임의 대전환을 통해 노동의 가치와 더불어 가정 그리고 가장 소중한 개인의 가치가 모두 존중받고 인정받는 살만한 대한민국을 기대한다.

---

4 사회관계망서비스(SNS)에 '나도 그렇다'라는 뜻의 'Me Too'에 해시태그를 달아 (#MeToo) 자신이 겪었던 성범죄를 고백함으로써 그 심각성을 알리는 캠페인이다.

02

근로 시간
단축 실험

최근 유럽에서 흥미로운 국가별 순위가 발표되었다. 영국 대출 중계 업체인 토탈리머니(Totally Money)가 유럽 24개국 시민을 대상으로 2018년 유럽 최고의 워라밸 국가 순위를 조사하였는데, 덴마크가 1위, 스웨덴이 2위를 차지한 것이다. 이 중 스웨덴의 경우 그동안 근로 환경 개선 등을 통해 삶과 일의 균형을 맞추고자 꾸준히 노력한 결과라는 점에서 의미가 있다. 최근 한국도 워라밸에 대한 관심이 높아지고 있기에 스웨덴에서의 워라밸 정착 과정을 살핀다면 좋은 정책적 시사점을 도출할 수 있을 것으로 생각된다.

워라밸의 첫 출발점인 근로 시간 단축은 이미 오래전부터

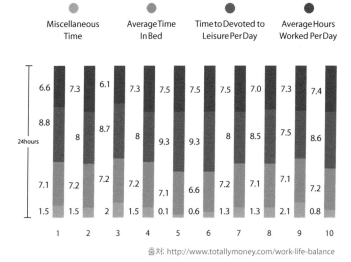

Miscellaneous Time   Average Time In Bed   Time to Devoted to Leisure Per Day   Average Hours Worked Per Day

	1	2	3	4	5	6	7	8	9	10
Average Hours Worked Per Day	6.6	7.3	6.1	7.3	7.5	7.5	7.5	7.0	7.3	7.4
Time to Devoted to Leisure Per Day	8.8	8	8.7	8	9.3	9.3	8	8.5	7.5	8.6
Average Time In Bed	7.1	7.2	7.2	7.2	7.1	6.6	7.2	7.1	7.1	7.2
Miscellaneous Time	1.5	1.5	2	1.5	0.1	0.6	1.3	1.3	2.1	0.8

24hours

출처: http://www.totallymoney.com/work-life-balance

1. DENMARK 2. SWEDEN 3. NETHERLANDS 4. FINLAND 5. FRANCE
6. SPAIN 7. LUXEMBURG 8. GERMANY 9. AUSTRIA 10. BELGIUM

추진되었다. 1989년 스웨덴 북부 지역인 키루나에서는 모든
홈 케어 서비스 종사자들에게 일일 8시간이 아닌 6시간 근무
가 가능하도록 하였다[5]. 또한 1996년 스톡홀름 시의회는 아
동, 노인, 장애인을 위한 기관에서 근무하는 직원들에게 6시

---

5 이 프로젝트는 2005년 폐지되었다.

간 근무를 실시하였다[6]. 이후 정부 등 공공 기관뿐 아니라 민간 기관인 도요타 서비스 센터[7]도 이 제도를 도입하였고, 그 결과 직원의 삶 만족도가 높아졌고 기업 이윤도 상승[8]하였다. 이를 통해 스웨덴의 많은 스타트업 기업들이 6시간 근무제를 도입하게 되었다. 그러나 스웨덴의 6시간 근무는 국가의 공식 정책이 아닌 일부에서만 한정적으로 도입한 제도이다. 왜냐하면 아직 6시간 근로제 도입에 대한 사회적 합의가 완전히 이루어지지 않았기 때문이다. 사민당을 중심으로 한 진보 계열은 삶의 질 향상을 위해 6시간 근무를 강력히 주장하지만, 보수당 등은 6시간 근무를 전면적으로 시행할 경우 기업 부담 증가 등 사회적 비용이 높아짐을 이유로 아직 반대하고 있다.

이러한 상황에서 중앙 정부는 재정 지원을 전제로 예테보리시와 협력하여 시험적으로 6시간 근무를 적용하였다[9]. 이는 근로 시간이 생산성과 사회적 비용에 어느 정도 영향을

---

6 1999년 폐지되었다.

7 스웨덴 남쪽에 위치한 예테보리에 있는 도요타 서비스 센터이다.

8 약 25% 상승하였다.

9 이 프로젝트를 위해 소요된 비용은 1,200만 크로나(SEK 1 = 130.5634, 한화 약 15억 6천만 원)로 나타났다.

미치는지 알아보기 위한 실험으로 2015년부터 시작하여 2년 간 진행되었고 2017년 3월 연구 결과를 발표하였다. 코뮨, 병원, 양로원 등에 근무하는 사회 복지 서비스 종사자와 간호사 등을 관찰 대상이 되는 실험 집단으로 선정하였고, 실험 기간 동안에는 6시간 근로를 하였으나 월급은 동일하게 지급하였다. 2년 후 기존과 동일하게 8시간 근로를 한 대조 집단과 비교했을 때, 실험 집단의 병가 사용률은 4.7% 감소하였고[10]. 또한 야외 활동을 더 적극적으로 하였고[11], 스스로의 행복감이 높아졌으며, 사회 복지 서비스 분야 종사자 직종에서 흔히 발생하는 뒷목경부통증이 감소하는 등 건강이 향상된 것으로 나타났다. 따라서 근로 시간 단축을 통해 지속 가능한 근로가 가능함을 확인할 수 있었다. 그러나 대체 인력 고용 등 사회적 비용이 높아 투입 비용 대비 효과가 미비하다는 반대 의견도 많았다. 그리고 일일 근로 시간의 단축은 기술 개발과 같은 직종에서는 효과적일 수 있으나, 간병과 같은 사회 복지 서비스 직종에서는 비효율적일 수 있다는 의견도 있었다. 따라서 스웨덴은 6시간 근무제의 전격 도입보다는 기존

10 상대적으로 대조집단의 경우 병가 사용률이 60%가량 증가했다.

11 약 85% 증가하였다.

에 실시하던 유연 근무제와 시간제 근로의 활성화를 통해 스웨덴 사회에 가장 적절한 워라밸 정책을 찾고자 노력하고 있다. 지금까지 스웨덴은 오랜 합의 과정을 거쳐 유연 근무제와 시간제 근로 등을 정착시켰다. 양보와 타협을 통해 근로자의 노동 강도를 조정하고, 업무 피로감을 줄이는 한편, 이러한 조치가 지나친 사회 비용 증가로 이어지지 않도록 주의를 기울였다. 또한 노동 시간 유연화로 생긴 여분의 노동 시간을 활용하여 보다 많은 사람에게 일자리를 제공할 수 있었을 뿐만 아니라 남는 근무 시간을 여가나 노후 대비를 위해 활용할 수 있어 업무 만족도도 향상되었다.

이제 한국에서도 삶과 일의 균형을 찾는 워라밸이 중요한 사회적 이슈가 되었다. 워라밸의 빠른 정착을 위해 조속한 도입을 주장하는 편도 있겠지만, 사회적 비용 증가 등으로 우려를 표명하는 편도 있다. 그렇기에 지금 이 시점에서 중요한 것은 워라밸이 사회 갈등의 원인이 되어서는 안 된다는 점이다. 따라서 오랜 시간 사회적 타협을 통해 이루어낸 스웨덴 워라밸의 결과뿐 아니라 과정에 주목해야 할 이유가 여기에 있다.

03

미래를 위한 준비:
저출산 고령화 대책

     1934년 알바 뮈르달과 군나르 뮈르달 부부는 '인구 문제의 위기'라는 보고서를 통해, 향후 스웨덴은 인구 변화로 인한 저출산·고령화의 문제에 직면할 수도 있다는 전망을 내놓았다. 이와 같은 경고를 심각하게 받아들인 스웨덴은 미래에 발생할지 모를 저출산·고령화에 대비하기 위한 정책을 일찍부터 준비하기 시작하였다.

     이러한 정책의 일환으로 1970년대부터 시작한 가족 내 양성평등의 실현은 유럽 내에서도 스웨덴이 높은 출산율을 유지할 수 있는 근간이 되었다. 특히 스웨덴 출산율은 수치가 높다는 점과 더불어 출산율의 분포가 매우 안정적이라는 특징을 보이고 있는데, 이는 노동 인구의 감소로 어려움을 겪는 다른 유럽 국가들과 달리 스웨덴은 인구 변화의 변동성을 줄여 스웨덴 사회에 지속적인 노동 가능 인구의 안정적 공급을 가능하게 하였다. 스웨덴이 여성의 사회 진출로 인한 출산 기피 현상을 막기 위하여 추진한 일·가정 양립 정책이 인구 절벽의 시대를 맞아 드디어 정책 효과를 드러낸 것이다.

스웨덴의 일·가정 양립 정책을 좀 더 자세히 살펴보면 직장 내 성차별 금지, 출산 휴가자 차별 금지, 출산 후 부모 휴가제 실시, 3세 미만 영유아 시설 확충, 양성평등 보너스 제도[12] 등을 들 수 있다. 뿐만 아니라 출산 후 자녀가 성년으로 성장하기까지 국가가 다양한 지원을 하는 등 자녀가 있는 가정의 삶의 질 향상도 도모하고 있다. 만약 아이가 있는 가정이 주거 문제로 어려움을 겪고 있다면 이를 해소하기 위해 해당 가정에 재정 지원을 하고, 만약 이 가정이 저소득층일 경우 주택 무담보 대출, 임대 주택 우선 입주 등 보다 다양한 지원을 펼치고 있다. 그리고 자녀의 사교육비 증가 및 교육 격차 완화를 위해 방과 후 학교를 활성화하였다. 그리고 이러한 정책은 자국민은 물론 이민자에게도 동일하게 적용하고

---

12 2008년에 제도를 도입하였으나 2015년 부모보험 법 개정에 따라 2017년 폐지되었다.

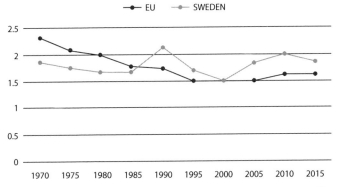

유럽연합과 스웨덴의 출산율
(1970년~2015년)

출처: https://www.oecd-ilibrary.org/social-issues-migration-health/
fertility-rates/indicator/english_8272fb01-en

있으며 이를 통해 스웨덴 사회의 출산율 제고에 크게 기여하고 있다.

2016년 스웨덴 국가 예산에서는 가족과 아동의 경제적 안정과 삶의 질 향상을 위한 재정 지원이 큰 부분을 차지하고 있다. 임신 수당, 출산 수당, 부모 수당, 임시 부모 수당(아동 병간호를 위한 수당), 출생 부(夫) 출산 휴가, 아동 수당, 연장된 아동 수당, 아동 보호 수당, 가정 보조 지원금, 주택 수당, 입양 수당 등 다양한 수당 체계를 갖추고 있다(PROP 2015/16:1). 또한 스웨덴은 자녀 양육과 관련된 수당의 경우 다시 연금에 반영되도록 함으로써 안정적이고 지속적으로 재정 지원이 유지될 수 있도록 하였다.

근래 스웨덴의 세계화 위원회와 미래 위원회는 지난 3년 동안의 활동을 정리한 보고서를 두 편 발표하였다. "위기를 넘어: 세계화된 경제 속에서 성공적 국가 미래를 위한 보고서(DS 2009:21)"와 "스웨덴 미래의 도전: 정부 미래 위원회 최종 보고서(DS 2013:19)"로 이 두 보고서는 평균 수명 증가와 이로 인한 고령화 문제, 출산율 저하에 따른 노동 인구 감소, 난민 증가에 따른 고급 노동력의 감소와 미래 부양 인구 증가 등 스웨덴이 당면할 수 있는 위기를 지적하고 있다. 또한 이 위기를 어떻게 극복할 것인가에 대한 방안도 함께 담고 있다. 이들 보고서는 스웨덴 사회의 지속 가능성을 유지시키기 위해서 기존 스웨덴의 노동 정책과 교육 정책의 개혁이 반드시 필요함을 지적하고 있다. 연금이 현재 수준을 유지하기 위해서 연금 수급 연령을 70세와 75세 중간으로 탄력적으로 조정해야 하고, 67세까지 연장된 퇴직 연령을 향후 70세나 75세까지 연장해야 한다고 주장하고 있다. 그리고 퇴직 연령이 연장될 경우 육체 노동자가 질병, 체력 저하 등으로 30년 이상 같은 직종에서 활동하는 것이 사실상 불가능하므로 새로운 직장으로 이직할 수 있도록 50대에 직업 전향을 위한 재교육이 필요하다고 제시하였다. 또한 현재 56세까지 지급되고 있는 직업 교육생을 위한 학자금 융자를 60세까지 연장하는 등 적극적인 노동 정책과 교육 정책 개혁을 통해 고령화에 따른 노동력 부족 문제에 대비하도록 제안하고 있다.

스웨덴은 일찍부터 국가가 강한 의지를 가지고 일·가정 양립을 정착시킴으로써 저출산 문제에 대비하였고, 부양 자녀가 있는 가정에 대한 수당 등의 지원을 통해 가정을 안정적으로 꾸려나갈 수 있는 기반을 조성하였다. 또한 사회적 부담을 줄이기 위한 연금 제도의 개편과 동시에 원한다면 노후에도 계속해서 근로에 종사할 수 있도록 다양한 지원을 제공하는 등 저출산·고령화 문제에 대비하였다. 스웨덴의 이러한 노력이 저출산·고령화라는 전 세계를 휩쓴 광풍에도 불구하고 굳건히 제자리를 지킬 수 있는 힘이 되었다는 것을 꼭 기억해야 할 것이다.

04

형식적 평등을 통한
실질적 평등의 완성

홍대 누드 크로키 모델 사진 유출 사건의 여파가 크다. 경찰의 수사 속도가 피해자의 성별에 따라 달라진다는 비판이 제기되었고, 얼마 지나지 않아 혜화역에서 '불법 촬영 성 편파 수사 규탄 시위'가 열렸다. 당시 집회에는 약 1만 2천여 명(경찰 추산 1만 명)의 여성이 참여하여 '동일 범죄, 동일 수사, 동일 인권'을 외쳤다. 이 사건 이후 우리 사회에서의 성 갈등이 그 어느 때보다 크게 확산되고 있는 듯하다. 사건의 본질과는 별도로 남성 혐오와 여성 혐오의 양극단에서 의견이 다르면 무조건 비난하거나 모욕하는 등의 새로운 갈등이 시작되고 있다.

그렇다면 우리와 비교할 때 성 평등 구현의 수준이 높다고 생각되는 스웨덴에서는 성 갈등이 없었을까? 스웨덴도 역시 여성들의 사회 참여가 활발해지면서 남성과의 성 갈등이 커지기 시작하였다. 하지만 스웨덴 특유의 토론과 협의의 과정을 거치면서 형식적 평등에서 실질적 평등을 이룩하고자 지금도 노력하고 있다.

현재 스웨덴은 각료의 50% 이상, 국회의원 48%가 여성으로 구성되어 있으며, 여성의 경제 활동 참가율이 80%가 넘는다. 이러한 형식적 성공에도 불구하고, 2014년 스웨덴 총선 이후 세계 최초로 페미니스트 정부의 필요성을 표방하였으며, 지금도 여전히 성 평등을 사회의 해결해야 할 중요한 테마로 인식하고 있다. 왜냐하면 스웨덴에서는 성별에 따른 삶의 조건 및 권력 분배에서의 차이는 정치적 결정을 통해 해결할 수 있다고 믿고 있으며, 성 평등 문제의 해결은 인권 신장과 민주주의와 사회 정의의 실현, 그리고 고용 창출 및 경제 성장을 이루기 위한 중요한 요소라고 생각하기 때문이다. 그래서 성 평등 정책의 효과적인 시행을 위해 2018년 양성평등청(Swedish Gender Equality Agency)을 새롭게 신설하였다.

그동안 스웨덴에는 성 평등을 담당하는 독립된 부서를 두지 않고 법무부와 교육부 등에서 연관 업무의 하나로 성 평등 사무를 관장하였다. 그러나 이것만으로는 부족하다고 생각한 시민 단체와 학계에서는 성 평등 전담 부서의 신설을 꾸준히 요청하였고, 결국 국가 조사 위원회[13]의 조사를 통해 양성평등청 설립의 근거를 마련하였다. 해당 보고서에는 "성 평등 정책은 다양한 기관의 유기적 협력을 통해 효과를 발휘할 수 있다. 그러나 각 기관마다 고유의 업무 영역이 있고, 우선순위에서 멀어지게 되면 기관과의 소통이 어려워져 그 효과성을 발휘하기 어렵다. 따라서 전략적이고 장기적인 관점에서 조직적으로 양성평등 사업을 이끌기 위해서는 국가 차원의 견고하고 영구적인 기관의 설립이 필요하다."라고 하였다. 이를 바탕으로 2017년 정부 예산안에 양성평등청 설립 예산을 반영하였고 2018년 1월 1일 양성평등청이 설립되었다.

이렇게 설립된 양성평등청은 스웨덴 제2의 도시인 예테보리(Gothenburg)에 위치하고 있으며, 직원은 약 50명이다. 주요 업무로는 양성평등 관련 정책 모니터링, 성 주류화 정책 분석,

---

13 국가 조사 위원회(Statens Offentlig Utredning: SOU)는 1922년부터 정부에 의해 지명된 스웨덴 정부 조사 기관이다. 스웨덴 입법 과정의 일부로써 복잡한 문제를 조사하고, 입법 제안서를 작성하는데 사용된다. 조사 보고서는 조사 위원회의 위원, 특별 조사관에 의해 작성되는데, 대부분 관련 분야 전문가, 관련 부서 공무원, 기업, 옴부즈맨, EU 사회기금 및 국제기구 일원, 언론인, 시민 단체 회원 등 다양하게 구성된다.

타 기관과의 유기적 연계 및 업무 조정, 양성평등 전문가 교육 및 양성 과정 운영이 있고, 그 외 여성 단체 보조금 할당 등의 업무가 있다. 또한 스웨덴 성 평등 정책의 여섯 가지 하위 목표[14]에 대한 성과 측정·평가, 이행 조치 확인 등을 통해 목표들이 제대로 수행될 수 있도록 강제하는 역할을 하게 된다.

스웨덴은 실질적 성 평등을 이루기 위해 양성평등청이라는 형식적 조치를 취했다. 성 평등이라는 보이지 않는 가치의 완전한 구현을 위해 스웨덴은 이를 양성평등청이라는 눈에 보이는 제도로 구현하였다. 스웨덴의 이러한 시도가 성 평등의 실질적 평등을 완성할 수 있을 것인지 계속 관심 있게 지켜봐야 할 것이다. 실제 표면적으로는 별다른 갈등이 없어 보임에도 불구하고 성 평등의 완성을 위해 적극적인 조치를 취한 스웨덴의 노력이 이번 홍대 누드 크로키 사건으로 확대된 우리나라의 성 갈등의 해결을 위한 하나의 좋은 예시가 될 것으로 생각한다.

---

14 스웨덴 양성평등 정책의 가장 중요한 목표는 여성과 남성이 사회와 자신의 삶을 형성하는데 동일한 힘을 가질 수 있어야 한다는 것이고, 하위 목표는 다음 여섯 가지이다. 첫째, 권력의 동등한 분배, 둘째, 경제적 평등, 셋째, 교육의 평등, 넷째, 무급 가사 노동 및 돌봄에서의 평등, 다섯째, 건강의 평등, 여섯째, 여성에 대한 남성의 폭력 반대이다.

SWEDEN

나눔으로
더 커지는 나라

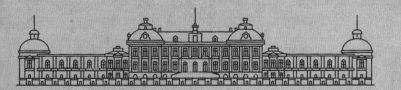

"A country that grows bigger **by sharing**"

01

이상동몽(異床同夢):
방법은 다르지만 같은 복지를
꿈꾸는 스웨덴의 진보와 보수

새해를 맞아 일출이 멋진 곳에서 개인과 가족의 안녕 등을 기원하며 해맞이하는 풍경은 우리에게 너무나도 익숙한 장면이다. 스웨덴에서도 가족, 연인 등이 모여 스키를 타고 산에 올라가 새해를 맞는 모습을 보게 되니 낯설기도 하지만, 한편으로는 매우 친근한 느낌이다. 동양과 서양이 많이 다르기는 하지만, 그럼에도 사람 사는 곳이라는 점에서 행복과 희망을 바라는 사람의 마음은 동·서양 모두 동일한 듯하다.

일반적으로 매우 이질적인 성격의 그룹이라 하더라도 서로 같은 목표를 가질 수 있을 것이다. 하지만 백년 넘게 진보

냐 보수냐의 이념적 차이로 격렬하게 경쟁했었고, 지금도 어느 그룹이 집권하느냐에 따라 국가 정책의 큰 흐름이 바뀌었던 스웨덴의 정치적 경험을 볼 때, 적어도 사회민주당(이하 사민당)과 보수당은 완전히 다른 그룹이다. 이러한 이념적 차이에도 불구하고 거의 유일하게 통하는 것은 바로 행복한 스웨덴을 꿈꾼다는 점이고, 특히 복지 정책에 있어서는 이 양상이 보다 두드러지게 나타난다.

1928년 사민당 당수였던 페르 알빈 한손(Per Albin Hansson)은 의회 연설을 통해 "국민의 집(Folkhem: the home of the people)"을 처음으로 언급하였다. 국민의 집은 '국가는 모든 국민의 좋은 집이 되어야 하고 모든 아이는 모두의 아이'라는 표현으로 함축될 수 있는데, 복지는 더 이상 개인이나 가족만의 책임이 아니라, 이제는 국가가 책임져야 하는 영역임을 공식적으로 선언한 것이다. 이 선언 이후 국민의 집은 스웨덴 복지의 메인스트림(Mainstream)이 되었다.

이후 1991년 보수당 당수였던 칼빈이 정당 연설에서 "스웨덴의 복지는 스웨덴 경제를 떠받치는 초석과 같은 것이다."라는 발언을 통해 보수당도 보편적 복지의 필요성을 인정하고 있음을 확인하였다. 만약 국민 중 누군가가 병 등으로 노동력을 상실했더라도 사회 복지 시스템의 도움으로 재활을 받고 다시 일터로 돌아올 수 있다면 이것이 바로 경제력을 상승시키는 효과로 나타나기 때문이다.

페르 알빈 한손   칼 빌트

보수와 진보로 대표되는 각 정당의 당수들이 공식적 자리에서 언급한 복지 이슈에 대한 발언들을 종합해 보면, 스웨덴 복지에 있어서 보수와 진보 간의 본질적 차이는 거의 없고, 다만 예산 운영 등 실행 방법에 있어서 차이가 날 뿐임을 알 수 있다. 두 정당 모두 기본적으로 아동, 노인 등을 위한 사회 복지 서비스의 존치에 대해서는 동의한다. 하지만, 보수당은 일반 국민들의 세금을 높여 복지 재원을 확보하여 제

도를 운영하기보다는 불필요하거나 과잉된 복지를 축소하는 개혁적 조치를 통해 제도 운영의 효율성을 높일 수 있다고 주장한다. 가령 간병 서비스의 경우 과거 환자 1인과 간병인 1인 시스템이었는데, 보수당이 들어선 후 치매 환자나 중증 환자인 경우에만 1대 1을 유지하고, 나머지는 간병인 1인, 환자 5인과 같은 체계로 개편하는 등 불필요한 인력을 감축하였다. 또한 질병 등으로 일시적으로 일하지 못하는 경우에도 지원금을 지급하였던 것을 근로 의욕 고취 등을 위해 지원을 중단하는 등 기존 복지 제도의 개혁을 주장하였다. 반면, 사민당은 스웨덴에 사는 모든 사람들은 동일한 혜택을 받아야 한다는 것을 기본 이념으로 한다. 이를 위해 모든 국민은 사회 복지를 위해 조금씩 기부함으로써 도움이 필요한 사람에게 혜택이 돌아가도록 해야 한다고 주장한다. 이는 결국 자기를 위한 행위이기도 하기 때문이다. 어느 날 갑자기 질병에 걸리거나, 실직할 수도 있다. 또한 모든 사람은 나이가 들어 노인이 되는 등 어느 누구라도 사회적 약자가 될 수 있다. 따라서 결국 자신이 기여한 만큼 자신이 받아갈 수 있다는 것이다. 다만 급증하는 난민으로 인해 복지 재원이 급격히 고갈되고 이로 인해 국민들이 불안해하자 기존의 무조건적인 혜택은 지양하고 있지만, 여전히 사민당은 이 이념을 고수하고 있다.

이러한 양당의 입장 차이는 최근 보수당과 사민당의 캐치프레이즈에서 보다 잘 드러난다. 보수당은 복지 제도의 효율적 운영을 통해 "사민당보다 더 많은 플러스알파의 복지를 제공하겠습니다."라고 주장한다. 이는 국민들에게 더 많이 돌려줄 것이라는 기대감을 갖게 하며 많은 호응을 얻고 있다. 이에 대응하는 사민당의 캐치프레이즈는 "복지에 기여하십시오. 그리고 필요할 때 받아 가십시오."이다. 과거와 같이 복지를 일방적인 시혜의 수단으로 보는 것이 아니라 이제는 쌍방적인 기여의 수단으로써 보는 등 복지에 대한 사민당의 시각 변화를 엿볼 수 있다.

스웨덴에서의 복지 논의는 매우 특별하다. 보수든 진보든 정권은 언제든지 바뀔 수 있겠지만, 최적의 복지 서비스를 제공할 것이라는 국민들의 신뢰는 절대적이다. 이는 이념적으로 완전히 다른 정당임에도 복지에서만큼은 이견이 없기 때문이다. 지난 2011년 사민당을 물리치고 집권한 보수정권의 재무부 장관이었던 한스 린드블라드는 한 인터뷰에서 "모든 사람은 가난해질 수 있기 때문에 모든 사람에게 복지를 제공해야 한다."고 발언하였다. 비록 정권은 바뀌었지만 스웨덴의 기본 사회 복지 모델의 틀은 바뀌지 않음을 공식적으로 밝힌 것이다. 누가 집권하더라도 스웨덴의 기본 가치인 '국민의 집'을 존중하고 이를 실현하기 위해 노력하는 모습들이 오늘날 가장 살기 좋고 살고 싶어 하는 복지 국가 스웨덴을 만든 초석이 되지 않았을까 생각한다.

02

2018년 정부 예산안을
통해 살펴본 개혁 조치

2017년 한 해 동안 스웨덴 사회는 지금까지 겪어보지 못했던 새로운 형태의 극심한 사회적 갈등을 경험하게 된다. 그동안 IS 사태 등으로 난민 유입이 급속히 증가하였고, 이들 중 사회에 적응하지 못한 이민자들이 일으킨 폭동[15]은 스웨덴 사회에 큰 충격을 주었다. 반면 계속해서 늘어나는 이민자들에 대한 불안감과 실업 수당및 주거 비용 지원 감소 등 사회 복지 지원 축소로 인한 불만으로 인해 배타적인 스웨덴 백인 중심주의 등을 주장하는 극우당(스웨덴 민주당)이 선전하는 등 그 어느 때보다 인종적 · 계급적 갈등이 심각한 상황이다.

---

15 https://www.thelocal.se/20130521/48028

이에 스웨덴 정부는 이러한 사회적 갈등을 해결하고자 지난 2017년 9월 20일 다양한 개혁 조치를 담은 예산안을 의회에 제출했다. 2018년 예산안은 사회적 갈등의 불씨였던 다방면에서의 불평등을 시정함으로써 사회적 격차 해소를 주요 정책 목적으로 한다. 이를 위해 스웨덴 정부는 이민자 고용률 제고, 학교 간 격차 해소를 위한 평등 교육의 강화, 화석 연료 제로를 통한 복지 국가 건설, 복지 체계 강화, 사회 안정 강화, 평등 분배 강화 등 크게 6가지 분야에 대한 개혁 조치를 발표하였다.

먼저 이민자 고용률 제고이다. 스웨덴은 OECD 국가 중 자국민과 이민자들의 취업률 격차가 가장 큰 국가 중 하나로 특히 이민자 실업률이 높은 편에 속한다[16]. 이에 따라 이민자들, 특히 저학력 비유럽 출생자들의 고용률 제고를 위해 다양한 직업 교육의 실시를 천명했다. 이를 통해 이민자들이 노동 시장 진출 시 필요한 기본 소양을 갖출 수 있도록 하겠다고 하였다. 그리고 언어 교육을 강화하고, 중소기업에서 이민자를 최초 고용할 경우 보조금과 같은 인센티브를 제공하

---

16 스웨덴 통계청(2016)에 따르면 스웨덴 태생 실업률은 2.5~3.5%인 반면, 아시아 출신 22.2%, 아프리카 출신 24.7%, 라틴아메리카 출신 13.8%로 나타난다.

기로 하였다. 또한 노동 시장에서 소외된 이들(장애인, 여성, 이민자 등)을 채용하는 지자체나 주 의회는 보너스를 지급하는 조치를 포함하였다. 둘째, 학교 간 격차 해소를 위한 평등 교육의 강화이다. 최근 스웨덴에서는 사립학교가 급증하여 기존 공립학교와 학업 격차가 크게 벌어지는 부작용이 발생하였다. 그래서 정부는 학업 성취도 강화를 통해 학교 간 격차를 해소하고자 10억 크로나[17]를 지원하기로 하였다. 또한 열악한 교사 처우를 개선하는 한편, 의무교육을 현재 9년에서 10년으로 확대하기로 했다. 셋째, 화석 연료 제로를 통한 복지 국가 건설이다. 스웨덴은 화석 연료 제로를 실현한 복지 국가가 되기 위해 스웨덴 역사상 최대 규모로 기후 환경 정책에 예산을 투자하고, 해양 보호, 식수 보호, 무독소 도시 환경, 화석 연료 제로, 여행 및 교통 활성화 등 관련 노력을 강화하기로 하였다. 넷째, 복지 체계의 강화이다. 스웨덴은 '지속 가능한 복지 구현을 위해서는 전 국민이 복지 체계에 기여하는 것이 중요하며 이를 통해 전 국민이 다 같이 복지 혜택을 누릴 수 있다.'라는 메시지를 강조하고 있다. 이를 위해 정부는 임산부 의료에 10억 크로나를 추가 지원하기로 하였

---

17 2017년 11월 현재 1 SEK 129.9원이다.

고, 국민들의 정신 건강 및 1차 의료에 대한 지원금을 확대(총 55억 크로나)하기로 결정했다. 다섯째, 사회 안정이다. 2017년 발생한 트럭 테러, 러시아 군함의 잦은 출몰, 이민자 폭동 등으로 인해 국민들의 사회 불안감이 높아졌다. 그래서 경찰 지원비(2018년~2020년간 총 70억 크로나)와 국방비를 추가 지원(2018년~2020년간 27억 크로나)하기로 하였다. 마지막으로 평등한 분배이다. 사회 격차가 급격히 벌어짐에 따라 이를 해소하고자 저소득층에 대한 지원을 강화하기로 하였다. 아동수당을 월 200 크로나 인상하고, 한부모 가정에 대한 보조금을 월 150 크로나(11세~14세 자녀당), 월 350 크로나(15세~18세 자녀당) 인상하기로 하였다. 또한 질병이나 장애로 인한 보조금 수급자의 병가 수당의 최대 수급액(2018년 6월부터 월 30,300 크로나)을 조정하였으며, 최저 지급액(월 300 크로나 인상)과 주거 보조금(월 최대 470 크로나)을 인상하였다. 그리고 은퇴자를 위해 은퇴자에 대한 세금을 인하하고, 주거 보조금을 인상(월 최대 470 크로나)하였다.

스웨덴은 2018년 총선을 앞두고 있다. 표를 얻기 위해 각 정당들은 다양한 사회 개혁 방안들을 내놓고 있다. 하지만 이들 정당들은 경기 침체와 이민자 급증으로 인한 사회적 갈등이 지금 스웨덴이 직면한 매우 중요한 문제라는 점을 공감하고 있기에 경기 활성화와 이민자와 원주민 간의 사회적 갈등 해소를 위한 나름의 방안을 공약으로 제시하고 있는 것이다. 따라서 2018년 총선에서 어느 당이 국민의 선택의 받을 것인가와 더불어 새롭게 선택받은 정당이 어떤 방식으로 여러 사회 문제를 풀어나갈 것인가를 지켜보는 것도 흥미로운 관전 포인트가 될 것으로 보인다.

03

나눔으로 더 커진
스웨덴의 지방 분권

영국이 유럽연합(EU)을 탈퇴한 브렉시트(Brexit) 사건과 스페인 왕국에 대한 카탈루냐의 독립 선언 등 유럽 여기저기가 분열로 인해 시끄럽다. 이제 유럽은 통합으로 공동 번영을 추구했었던 기존 체제 대신 새로운 체제로의 전환을 시도하고 있는 듯하다.

이와 같은 분열의 시대 속에서도 오히려 나눔을 통해 보다 큰 공동 이익을 추구하는 경우도 있는데 이것이 바로 지방 분권이다. 스웨덴은 중앙과 지방의 권한이 대등한 가장 평등한 국가 중 하나로 손꼽힌다. 스웨덴에서 지방 분권이 성공적으로 정착하게 되면서 중앙 정부와 지방 정부 간, 지방 정부와 지방 정부 간의 격차가 매우 줄어들었다.

그러나 최근 난민의 급격한 증가와 경기 침체로 인한 실업률의 증가, 심각한 고령화의 문제 등으로 각 지역의 세원 징수 실정이 달라지면서 새로운 지역 간 갈등이 발생하고 있다. 난민으로 인해 늘어나는 비용 부담을 감당하지 못한 일부 지역은 더 이상 난민을 받지 않겠다고 선언하였고, 일부 부유한 지역은 자신의 세금이 가난한 지역으로 이전되는 것에 대한 불만을 표출하기도 하였다. 이처럼 새로운 도전에 직면한 스웨덴의 지방 분권이 어떻게 이 위기를 극복할 것인가는 앞으로 흥미로운 주제가 될 것으로 보인다.

이에 앞서 스웨덴의 지방 분권의 역사를 간략히 살펴보고자 한다. 스웨덴은 1862년 기초 자치 단체 개혁을 이룸에 따라 광역 자치 단체와 기초 자치 단체의 업무 및 재정 분립이 비교적 일찍 이루어졌다. 이러한 과정을 통해 현재 스웨덴은 20개의 광역 자치 단체(Landsting och regioner)와 290개의 기초 자치 단체(Kommun)로 이루어져 있다[18]. 각자의 역할을 보면

---

18 스웨덴은 행정적으로 21개의 랜(Län)으로 구분되며, 랜은 국가 기관, 정부의 지방 조직, 지역의 지속 가능 발전과 환경 등을 책임지고 있다. 그리고 행정 서비스를 중심으로 20개의 란스팅(landsting)과 290개의 코뮨(kommun)으로 구분 할 수 있다. 권한이나 기능은 많이 다르지만 한국과 비교한다면, 란스팅은 광역 자치 단체, 코뮨은 기초 자치 단체로 이해할 수 있다. 그리고 스웨덴은 역사 및 정치·문화적으로 지역을 구분하기도 하는데, 중세부터 지금까지 25개의 란드스캅(landskap)

광역 자치 단체는 의료 및 교통 등 규모가 큰 지역의 공동 사항에 대한 업무를 담당하고, 기초 자치 단체는 주민들의 일상생활과 밀접한 관련이 있는 각종 복지 서비스(노인, 장애인, 사회 복지 등), 보육 및 초·중·고등학교 교육 등의 업무에 대한 책임을 지고 있다. 따라서 도시 규모와 상관없이 도로, 주택, 공원, 도서관, 학교 등 공공시설의 경우는 지역 간 큰 차이 없이 설치·운영되고 있으며, 기초 자치 단체가 관리하는 주민 복지 서비스는 지역별로 약간의 차이가 있는 정도이다. 그래서 재정이 넉넉한 자치 단체는 상대적으로 재정이 부족한 자치 단체보다 복지 범위가 넓고, 지원이 많을 수 있다. 하지만 보건 돌봄 서비스와 같은 보편적 복지 서비스는 지역 간 차별이 발생하지 않도록 전담 기관을 설치하고 운영함으로써 지역 간의 형평을 유지하고자 각별히 노력하고 있다.

스웨덴 지방 분권의 또 다른 특징은 기초 자치 단체가 지역 주민에게 적합한 서비스를 즉시 제공할 수 있도록 모든 기초 자치 단체가 재정적으로 독립되어 있다는 점이다. 일반적으로 자치 단체의 세입은 소득세 60~70%, 중앙 정부 보조금 15~20%, 기타 소득이 차지하고 있다. 지방 자치 단체

으로 구분하고 있다.

의 주요 재원은 자치 단체 스스로 세율을 결정하는 지방소득세, 중앙 정부 교부금, 기타 소득(서비스 기관 이용 수수료 등)으로 이루어진다. 그리고 소득세율은 재정 수요를 감안하여 기초 의회에서 결정하며, 징수한 세금을 어떻게 사용할 것인지도 의회에서 결정한다. 이처럼 스웨덴의 기초 자치 단체들의 세입 세출은 지역민의 요구에 보다 민감하게 반응할 수 있도록 구조화 되어있다. 이러한 제도적 뒷받침을 통해 스스로 지역 정치와 사회에 참여하게 함으로써 민주주의 발전의 토대를 형성하는데 기여하고 있다.

2015년을 기점으로 스웨덴에서는 급증하는 난민으로 인한 비용 증가로 자치 단체의 기존 사업이 지장 받지 않도록 일부 지역에 특별 보조금을 지원하였다. 또한 부유한 자치 단체가 가난한 자치 단체를 돕는 일명 로빈후드세를 적용함으로써 지역 간 편차를 줄이기 위해 노력하고 있다. 물론 일부에서는 로빈후드세의 적용을 선호하지 않지만, 지역 주민과 자치 단체 간 간담회와 토론회 등을 통해 갈등을 해소하고자 노력하고 있다. 그리고 중앙 정부는 지방 정부에게 모든 일을 떠맡기는 대신 국가 통합과 전국의 균형 발전을 위해 관련 정책을 펼침으로써 위와 아래로의 통합을 꾸준히 지속하고 있다.

04

난민에 대한 스웨덴의 입장 변화,
그러나 포기하지 않는 인간애

2016년 1월 27일 안데르스 위게만 스웨덴 내무장
관은 언론 인터뷰를 통해 2015년도 입국하여 난민 신청을
한 16만 3천 명 중 심사에 탈락한 이주민은 추방하겠다고 밝
혔다. 유럽에서 독일과 함께 난민에 가장 포용적인 입장을
취했었던 스웨덴이 이제는 그 기조를 바꾸기로 공식 천명한
것이다. 만약 이것이 현실화될 경우 약 6만 명에서 8만 명이
스웨덴을 떠나야 하는 상황이 벌어질 수도 있다. 스웨덴은
인도주의적 차원에서 난민을 지원하기 위해 많은 노력을 기
울였고, 유럽에서 인구 대비 가장 많은 난민을 수용하는 등
난민에 우호적인 정책을 펼쳤다. 특히 빠르게 증가하는 난민

으로 인해 수용 시설(캠프장, 학교, 놀이공원 등) 수용량이 한계에 이르자 스웨덴 이민청은 퇴역 선박을 수용 시설로 활용하는 계획을 수립하였다. 난민이 많은 스톡홀름, 예테보리, 말뫼에 크루즈 선박을 정박시켜, 난민 심사가 끝나는 약 1년 동안 난민들이 머무를 수 있도록 할 계획이었다. 그러나 난민 급증에 따른 구걸, 소매치기 등 사회 문제 악화로 난민에 대한 스웨덴 내 시선이 싸늘하게 바뀌면서 이 계획도 영향을 받게 되었다. 숙소로 사용할 크루즈 선박은 이미 항구에 들어왔으나, 난민에 대한 두려움 때문에 지역 주민들이 정박지 선정을 반대함에 따라 선박은 아직도 표류하고 있다(The Local, 2016).

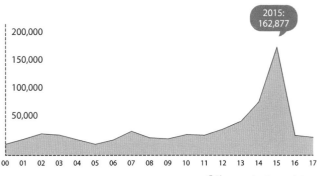

출처: www.migrationsverket.se

스웨덴은 왜 난민에 대한 기존 입장을 바꾸게 되었을까? 앞에서의 사례에서도 나타났듯이 결국 난민으로 인한 국가 위기가 초래됨에 따라 더 이상 난민에 대한 우호 정책을 지속하기 어려운 상황에 이르게 된 것이다. 스웨덴은 난민 통제를 위하여 이민법의 강화를 추진하였다. 난민 관련하여 바뀐 이민법의 주요 내용은 다음과 같다.

첫째, (순수)난민 지위가 인정되면 3년간 유효한 거주 비자를 받게 된다(그 외 보호자가 필요한 자는 13개월 비자를 받을 수 있다.). 둘째, 3년 뒤 직업을 구하지 못하면 비자 연장이 거부된다. 셋째, 가족 중 한 명이 난민으로 인정을 받고 가족을 불러오려면 직업이 있어야 한다. 넷째, 18세 미만인 미성년자가 난민 인정을 받은 후 부모를 불러오는 것은 특별한 경우를 제외하고는 허용되지 않는다. 다섯째, 난민 지위 인정 전까지 수당을 감액 지급한다. 여섯째, 난민 인정이 거부되더라도 항소할 수 없으며, 스웨덴을 떠나야 한다. 일곱째, 난민 인정이 거부되면 기존에 지급받던 모든 보조금을 더 이상 받을 수 없다. 여덟째, 난민 인정 거부 후 이민국에 협조할 경우 본국으로 돌아갈 수 있는 경제적 도움을 받을 수 있다.

위 이민법 주요 개정 내용을 통해 알 수 있는 것은 스웨덴 사회에 스스로 뿌리내리고 생활할 수 있는 사람을 선별하여 난민으로 받아들이겠다는 정부의 의지이다. 이를 위한 기본 조건이 바로 적극적으로 일자리를 찾아 신성한 노동을 통해 사회에 기여하도록 하는 것이다. 지금까지 스웨덴의 난민 정책은 강제적 동화보다는 난민 스스로 사회에 동화될 수 있도록 지원하는 방식으로 추진되었다. 그러나 난민들은 스웨덴 사회에 적극 동화하고자 노력하는 대신 오히려 자신들의 고유 관습만을 고집하는 등 사회 갈등의 원인이 되었다. 또한 특히 책임감, 근면 등 스웨덴 사회적 가치에 반하여 길거리 등에서 집단적으로 구걸하는 행위를 하여 더 이상 용납하지 못하는 상황에 이른 것이다.

대신 적극적으로 노력하는 난민들에 대해서는 지원을 계속 유지하고 있다. 최근 정부에서 운영하고 있는 공공고용 서비스(SPES)는 일자리 매칭을 통해 난민들이 기존의 직업을 스웨덴에서 이어갈 수 있도록 돕고 있다. 난민들은 공공고용 서비스를 통해 자신의 능력을 재평가 받을 수 있고, 평가 후 우선적으로 일자리 추천을 받을 수 있다. 또한 경력을 인정 받으면 일정 기간의 인턴십을 통해 직접 고용주와 연계될 수 있는 등의 다양한 프로그램을 지원하고 있다. 그리고 평가를 통해 추가적인 교육이 필요한 경우 교육 이수를 할 수 있고, 기술이 필요한 경우 적합한 기술을 제공받을 수 있도록 하였다.

우리나라는 난민에 대해 매우 보수적인 국가 중 하나이다. 심지어 전 세계 어디에나 있는 차이나타운조차도 한국에서는 겨우 명맥만 유지할 정도이다. 그러나 우리나라의 국제적 지위 등을 고려한다면 더 이상 난민 문제를 외면할 수만은 없다. 이번 스웨덴 사례는 어쩔 수 없는 사정으로 조국을 떠나 우리나라를 제2의 조국으로 선택한 낯선 사람들에 대해 우리는 어떤 준비를 해야 하는지를 보여 준다. 스웨덴에서 증명되었듯이 무조건적인 퍼주기식 지원은 더 이상 의미가 없다. 대신 우리 사회에 적극적으로 뿌리내려 사회의 일원이 되고자 적극 희망하는 난민을 위해 도움의 손길을 내밀어야 한다. 정착에 필요한 교육을 지원하고, 기본적인 생활 영위를 위한 지원, 그리고 적응하는 동안 기다려줄 수 있는 넉넉한 관심과 배려가 필요하다. 이것이 바로 난민에 대한 우리의 격조 있는 태도일 것이다.

05

사회 통합을 위한 스웨덴의 노력: 변화하는 이민·난민 정책

스웨덴 내 대표적 진보 세력인 스웨덴 노동조합총연맹(The Swedish Trade Union Confederation, 이하 LO)은 기존의 기조와는 다른 입장을 발표하였다.

지난 3월 LO는 난민 고용에 대한 새로운 모델(수습 일자리: Training job)을 제안하였다. 그동안 스웨덴은 정착 지원 프로그램을 통하여 난민과 가족이 스웨덴에 정착할 수 있도록 지원하는 프로그램을 운영하였다. 하지만 2018년부터 적용하게 될 새로운 프로그램은 난민들도 일반 구직자와 마찬가지로 고용청을 통해 직업을 구해야만 한다. 만약 난민이 별다른 이유 없이 고용청이 추천한 일자리에 지원하지 않거나 여타 구직 활동을 성실히 이행하지 않는다면 경고나 정착 지원금 삭감 등 강경하게 조치를 취할 예정이다. 난민 고용에 대해 비교적 관대한 입장이었던 LO의 태도 변화는 사회 구성원들의 반이민 정서를 감안한 것으로 이제는 더 이상 무조건적인 포용 정책은 실시하지 않겠다는 의지를 공식적으로 표명한 것으로 해석할 수 있다.

LO가 제안한 고용 프로그램은 고등학교 수준 이하의 학력 수준을 가진 난민들을 대상으로 한다. 정부는 저렴한 임금으로 난민들을 고용하는 대신 일과 학업을 병행할 수 있도록 수습 일자리를 제공하여 난민들에게는 취업을 알선하고 고용주에게는 보조금을 지원하는 형식으로 프로그램을 운영할 예정이다. 수습 일자리의 채용대상은 25~45세로 연령 제한을 두었으며, 새로 이주한 난민이거나 기타 실업자로 고용청에 구직자로 등록되어 있어야 한다. 그리고 기초 교육(9년)은 이수하였으나 스웨덴 고등학교 졸업 정도의 수준에는 도달하지 못한 이들을 대상으로 약 5만 명 선에서 고용청이 선발하도록 하였다. 또한 스웨덴 기업 연합과 최대 5년간 관련 협약을 체결하도록 하며 사용자는 분야에 따라 2~3년간 수습생을 저임금(단, 단체협약에 기초)으로 고용할 수 있도록 하였다. 그러나 기업이 저임금으로 수습생들을 착취하는 것을 방지하기 위해 해당 기업은 대상자를 수급 기간 동안(2~3년)만 고용할 수 있고, 정부가 책임지고 이들 수습생들이 정규 성인 교육 체계 내에서 업무에 필요한 교육을 받을 수 있도록 하였다.

스웨덴의 포용적 난민 정책은 스톡홀름 트럭 테러[19]와 같은 부정적 사건에도 불구하고, 극단적 배척보다는 점진적인 통합의 방향에서 다루어지고 있다. 왜냐하면 이민자들은 여전히 스웨덴 사회와 경제 체제의 유지를 위한 중요한 사회적 축으로 인식되고 있기 때문이다. 실제 스웨덴 통계 자료를 보면, 스웨덴 국민 6명 중 1명(16%)이 이민자이고, 인구 감소로 인한 노동력 부족분을 이민자들이 감당하고 있다. 스웨덴 고용청 보고서에 따르면 스웨덴은 매년 약 6만 4천 명의 노동력 감소가 예상되며, 세금, 연금 등 미래 복지 수요를 감당하기 위해서는 이민자들이 그 부족분을 채워야만 한다고 전망하였다[20]. 또한 스웨덴 국립경제연구소는 2016년과 2017

---

19 2017년 4월 7일 스톡홀름의 중심가인 드로트닝가탄 지역에서 발생한 사건으로 난민 신청에서 거절당한 우즈벡 출신의 남성이 트럭을 몰고, 백화점으로 돌진하여 5명이 사망하고, 15명이 부상당했다.

20 2014년에만 10만 명의 인구가 증가했으며, 이 중 이민(12만 7천 명)이 인구 증가의 가장 큰 원인이었다(SCB, 2017).

년 경제 성장률 전망치를 상향 조정하게 된 근거로 난민 유입을 들기도 하였다. 따라서 스웨덴에서 이민·난민 정책은 심각한 사회 갈등의 한 요소로 보기보다는 사회 통합이라는 지속 가능성에 더 큰 의미를 두고 있다.

스웨덴 태생자와 이민자 실업률

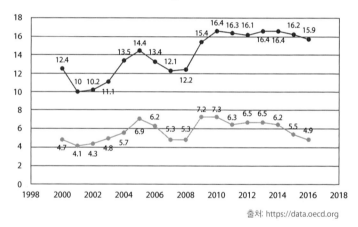

출처: https://data.oecd.org

OECD 가입국의 태생자 실업률

● Men ◇ Total ✕ Woman

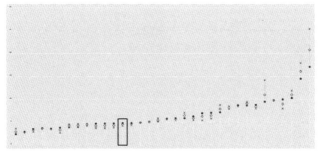

출처: https://data.oecd.org/migration/native-born-unemployment.htm

1. Czec Republic 2. Iceland 3. Germany 4. Mexico 5. Swizerland 6. Norway
7. Hungary 8. Netherland 9. Israel 10. Austria 11. Luxembourg 12. United Kingdom
13. Sweden 14. Unites States 15. Poland 16. Denmark 17. New zealand 18. Belgium
19. Australia 20. Slovenia 21. Estonia 22. Canada 23. Ireland 24. Chile
25. Slovak Republic 26. France 27. Portugal 28. Finland 29. Turkey
30. E.U(28countries) 31. Latvia 32. Italy 33. Spain 34. Greece

OECD 가입국의 이민자 실업률

● Men ◇ Total ✕ Woman

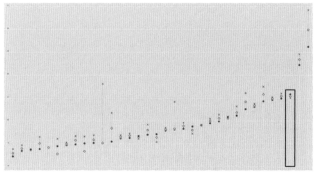

1 2 3 4 5 6 7 8 9 10 11 12 13 14 15 16 17 18 19 20 21 22 23 24 25 26 27 28 29 30 31 32 33 34

출처: https://data.oecd.org/migration/foreign-born-unemployment.htm

1. Czec Republic 2. Unites States 3. Israel 4. United Kingdom 5. Mexico 6. Iceland
7. New zealand 8. Chile 9. Hungary 10. Australia 11. Slovak Republic 12. Slovenia
13. Luxembourg 14. Canada 15. Estonia 16. Swizerland 17. Germany 18. Ireland
19. Poland 20. Netherland 21. Latvia 22. Norway 23. Portugal 24. Denmark
25. Austria 26. Turkey 27. Italy 28. Belgium 29. Finland 30. E.U(28countries)
31. France **32. Sweden** 33. Spain 34. Greece

스웨덴에서 한국의 미래를 꿈꾸다

현재 집권당인 사민당은 급증하는 난민 유입과 이로 인한 사회 혼란을 막기 위해 이민 규정을 강화하기로 하였으나, 스웨덴에 살고 있는 모든 사람은 동일한 혜택을 누려야 한다는 대전제는 변함이 없다. 그래서 최근 스웨덴 태생자의 실업률(4.9%)보다 약 3배 가까이 높은 이민자의 실업률(15.9%)을 낮추는 것을 중요 정책 안건으로 채택하였다. 보수당 역시 총선의 중요한 정책으로 이민·난민 정책에 대한 논의를 진행하고 있으며 사민당과 마찬가지로 이민자 실업률을 낮추기 위한 방안과 일자리 제공을 중요 정책 과제로 삼고 있다. 하지만 반이민 정서를 바탕으로 급부상하고 있는 극우 정당인 스웨덴 민주당의 약진은 이민·난민에 대한 스웨덴 국민들의 부정적 인식이 점차 강화되고 있는 하나의 반증으로 볼 수 있다.

그럼에도 불구하고 이민·난민을 새로운 사회의 일원으로 받아들이는 기본적인 시각은 바뀌지 않을 것으로 예상되며, 이민·난민으로 인한 문제 해결을 위한 스웨덴의 노력은 앞으로도 계속될 것으로 예상된다.

SWEDEN

Part

3

―――――

근로자가
미소 지을 수 있는 나라

―――――

"A country where **workers can smile**"

01 ____

스웨덴에서
기본 소득이란?

　　지난 2016년 브렉시트만큼은 아니었지만, 스위스에서도 전 세계의 이목을 집중시킨 사건이 발생하였다. 소위 인간다운 생활을 영위할 수 있도록 국가가 일정 수준의 소득을 보장해주는 기본 소득(Universal Basic Income)을 과연 헌법적 권리로 인정해 줄 것인가에 대한 국민 투표가 그것이다. 투표 결과, 참여 유권자의 77%가 기본 소득을 헌법상 권리로 명시하는 것에 반대함으로써 개정안은 부결되었지만, 이를 통해 유럽에서 기본 소득 관련 논의가 재점화되는 계기가 되었다.

　　현재 유럽 내에서 기본 소득에 대한 논의가 가장 활발히 이루어지고 있는 국가는 핀란드와 네덜란드이다. 먼저 핀란드는 그동안 과도한 복지 지출로 정부 재정이 크게 악화되었고, 국민들이 저임금·단순노동을 기피하는 등 복지로 인한 부작용이 커짐에 따라 이를 해결하기 위한 수단으로 기본 소득 도입을 고려하였다. 이를 위해 2015년 기본 소득 도입에 대한 여론 조사를 실시하였고, 여론 조사 결과 국민의 69%가 이에 찬성하여 2017년부터 2년간 실험적으로 기본 소득 제도를 실시하기로 하였다. 핀란드는 기본 소득 공제 실험을 위해 국민 1만 명을 무작위로 뽑아 월 800유로(약 978,610원)를 지급하고, 향후 긍정적 결과가 나올 경우 전 국민을 대상으로 실시하겠다고 밝혔다. 그리고 네덜란드의 경우 일부 도시를 중심으로 핀란드와 유사한 형태의 프로그램이 논의되고 있다. 특히 위트레흐트 시는 2017년부터 약 250명을 대상으로 기본 소득 지급을 위한 실험을 진행하기로 하였다. 시는 기본 소득으로 개인은 월 972유로(약 118만 원), 부부는 1389유로(약 169만 원)를 지급하고, 만약 실험 대상이 정부가 제안하는 일을 할 경우 125유로(약 15만 원)를 추가 인센티브로 지급하기로 하였다. 이 실험 결과가 나오게 된다면 향후 유럽 사회에 큰 영향을 미칠 것으로 예상된다.

한편, 북유럽의 기본 소득에 대한 입장은 국가에 따라 다르다. 핀란드와 덴마크는 기본 소득 도입에 대해 관심이 많고 호의적이지만, 스웨덴과 노르웨이에서 기본 소득 문제는 사회의 중요한 이슈가 아니다. 이러한 차이는 각 국가들이 가진 정치·사회적 시스템의 차이에서 비롯된다. 가령 정치 지도자의 리더십이 강한 핀란드는 집권당 당수가 기본 소득 추진 과정에서 적극적으로 리더십을 발휘하여 제도를 도입할 수 있었으나, 긴 시간을 들여 토론과 논의 과정을 거쳐 사회적 합의에 이르는 스웨덴 사회에서의 기본 소득 이슈는 아직 성숙되지 않는 화제이다. 비록 녹색당 등 일부에서 기본 소득에 대한 주장을 하고는 있으나 아직까지는 일부만의 의견에 불과한 것으로 치부되고 있다. 그리고 스웨덴 언론도 기본 소득 논의에 대해 긍정적이지 않다. 강한 우파 성향인 엑스프레센(Expressen)은 기본 소득 논의는 일부 정당의 미숙한 주장에 불과하며, 중도 보수 성향의 스벤스카 다그블라뎃(Svenska Dagbladet)도 기본 소득 도입은 오히려 스웨덴의 경제와 사회를 파괴할 것이라고 우려하고 있다.

이처럼 여타의 유럽 국가들과는 달리 스웨덴에서는 기본 소득이 이슈화되지 못한 이유는 무엇일까? 그것은 바로 스웨덴을 세계 최고의 복지 국가로 인정받게 만든 스웨덴 사회 복지 시스템의 성공적 정착 때문이다. 스웨덴은 실업 수당, 조기 퇴직 연금, 최저 생계비 등을 지급함으로써 국가가 사회 복지를 모두 책임지고 있다. 실업 수당은 실직 후 1년 동안 지급되며, 재취업 관련 교육을 원할 경우 국가가 모든 비용을 부담한다. 또한 이미 대학 교육을 받았더라도 직업 전문 학교에 등록할 경우 국가가 비용의 80%를 부담한다. 그리고 질병으로 휴직 중인 병가자에게 월급의 80%를 1년간 지원해주고 있다. 이처럼 국민들은 스웨덴의 우수한 사회 복지 시스템이 아직 효과성이 검증되지 않은 기본 소득보다 더 많은 혜택을 제공한다고 생각하고 있으며 실제 스웨덴의 실업률이 타 유럽 국가보다 높지 않다는 사실이 이러한 믿음을 뒷받침하고 있다.

스웨덴의 실업률 (2007년~2017년)

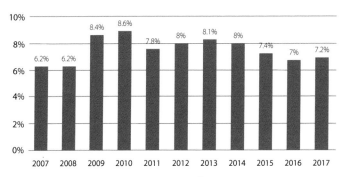

- 2007: 6.2%
- 2008: 6.2%
- 2009: 8.4%
- 2010: 8.6%
- 2011: 7.8%
- 2012: 8%
- 2013: 8.1%
- 2014: 8%
- 2015: 7.4%
- 2016: 7%
- 2017: 7.2%

출처: https://www.statista.com/statistics

유럽 국가 실업률 (2015년)

출처: https://en.wikipedia.org

따라서 스웨덴 국민들의 자국의 사회 복지 시스템에 대한 확고한 신뢰가 스웨덴에서의 기본 소득 논의가 이루어지지 못하고 있는 이유라 할 것이다. 더 나아가 기본 소득에 대한 논쟁보다는 복지 시스템에 대한 정비를 통해 복지 사각지대에서 소외받는 사람이 없도록 노력하는 것이 보다 의미 있는 것으로 인식되고 있다.

02 ___

나눔이 고용을 부르는
스웨덴의 복지

2006년 스웨덴 선거에서 40년 넘게 장기 집권했던 사회민주당(이하 사민당)이 선거에서 패배하였다. 하지만 2014년 사민당이 선거에서 다시 승리함으로써 8년 만에 재집권에 성공하였다. 이때 사민당은 기존 정책이 아닌 당시 우파에서 주장했던 일자리를 핵심 공약으로 내세웠다. 무조건 사회적 약자를 도와야 한다는 상징적 구호를 버리고 "고용이 없으면 분배도 없다! 고용이 최고의 복지"라는 새로운 슬로건으로 유권자의 마음을 사로잡았다. 계속해서 높아지는 실업률과 줄어드는 사회 복지에 지친 스웨덴 국민들은 다시 사민당에 새로운 기대를 걸게 되었고, 이것이 선거전에서의 승리로 이어진 것이다.

스웨덴은 복지의 궁극적인 목표를 완전고용에 두고 이를 실현하기 위하여 다양한 노동 정책을 실시했다. 그러나 시장의 변화와 경제 위기를 겪으면서 현실에서의 완전 고용은 불가능함을 인정하기에 이르렀고, 1990년대를 끝으로 완전 고용 정책은 막을 내리게 되었다.

하지만 완전 고용을 포기하는 대신 스웨덴 정부는 적극적 노동 시장 정책과 소극적 노동 시장 정책을 병행하며, 고용에서의 수요와 공급을 적절히 조절하고자 노력함으로써 양질의 일자리가 지속적으로 창출될 수 있도록 하는데 중점을 두었다. 여기서 적극적 노동 시장 정책은 구직자 스스로가 적극적으로 일자리를 찾을 수 있도록 지원하는 것으로 교육과 훈련을 제공하고, 필요시 보조금도 지급하는 정책이다. 가령, 스웨덴은 최저 임금[21] 수준이 높기 때문에 고용주가 신규 직원을 채용할 때 부담이 크다. 그래서 교육이나 훈련을 통해 노동 시장에 진입하려는 청년이나 사회적 약자(노인, 여성, 난민 등)를 고용할 경우, 정부는 고용주에게 세금 감면을 비

---

21 스웨덴은 한국과 같이 최저 임금에 대한 법적 기준은 없지만, 통상적으로 고용주는 새로운 사람을 고용할 때, 사람이 생활하는데 있어 필요한 최소한의 임금, 사회 보험, 세금 등을 책임져야 한다. 이러한 비용을 최저 임금으로 표현하였다.

롯하여 직원 월급의 최대 85%까지 보조금을 지원한다. 이는 고용주의 경제적 부담을 줄여주고, 노동자에게는 안정적인 양질의 일자리를 마련해주는 역할을 한다. 다음으로 소극적 노동 시장 정책은 근로자가 만약 실직을 할 경우 새로운 직장을 구할 때까지 최소한 현 생활 수준을 유지할 수 있도록 도와주는 제도이다. 이를 위해 정부가 한시적인 경제 보조를 해주면 새로운 일자리를 찾을 때까지 기본적인 생활의 안정을 돕는다. 여기에는 실업 급여가 대표적인 제도로 스웨덴에서의 실업 급여는 직전 월급의 약 80%에 해당되는 금액을 1년 동안 지급 받을 수 있다. 그러나 의도적인 구직 활동 포기를 막기 위해 실업 급여 수령 조건을 엄격히 규정하는 등 도덕적 해이를 막기 위한 제도적 정비를 계속하고 있다. 가령 실업자를 위한 교육이나 훈련을 거부하거나 고용 노동 사무소에서 추천하는 직업을 이유 없이 거절할 경우 보조금을 중단하기도 한다. 이를 통해 자발적 실업을 줄이고, 스스로 노동 시장에서 이탈하지 않고 적응할 수 있도록 돕는다.

한편, 스웨덴은 구직 및 구인에 대한 지원 정책뿐 아니라 유연 근무제, 시간 선택제 등을 활용하여 새로운 일자리를 창출하고 있다. 근로자는 필요에 따라 근로 시간을 자유롭게 선택함으로써 근로자 1인당 노동 시간을 줄이고, 이로 인한 빈자리는 새로운 노동력으로 대체하게 된다. 특히 교육, 육아, 보건 등 공공 부문에서 적용한 결과 근로 시간 나눔을 통해 새로운 고용이 일어났고, 근로 시간 단축에 따라 비록 수입은 감소하였으나, 대신 남는 근무 시간을 여가나 노후 대비를 위해 활용할 수 있어 업무 만족도가 향상되었다. 또한 공공 부문 근로자의 노동 강도가 줄어들자 대국민 서비스 질이 높아지는 효과도 나타났다.

스웨덴은 임금을 포함한 근로 여건에 있어 정규직과 비정규직 간 차별이 거의 없다. 그래서 파트타임 등이 활성화되어 경력 단절 여성들이 비교적 쉽게 노동 시장에 참여할 수 있다. 또한 비정규직에서 정규직으로의 전환은 공석이 생길 때 그동안의 근무 태도나 업무 성과를 중심으로 평가가 이루어져 비록 비정규직으로 시작하더라도 언제든지 정규직으로의 이동이 열려있는 등 직업 안정성이 높다.

만약 스웨덴에서 새로운 일자리를 찾고자 한다면 고용 노동 사무소(Arbetsförmedliagen)에서 도움을 받을 수 있다. 고용 노동 사무소는 스웨덴 전역에 걸쳐 약 320개가 있으며, 11개의 다양한 산업 분야에서 구직자와 고용주를 연결해 주는 역할을 하고 있다. 특히 2012년부터 시행한 개별 프로파일링은 구직자와 고용주 모두에게 가장 적합한 사람을 채용할 수 있도록 돕는 프로그램이다. 직업 상담사가 구직자에 대한 면밀한 인터뷰를 시행한 다음 맞춤형 리포트를 작성하고, 구직자는 상담을 받은 후 지시 사항에 따라 교육 과정이나 훈련을 이수한 후 활동 보고서를 작성한다. 이는 구직자와 고용주 간에 거래 비용을 줄여줌으로써 고용의 가능성을 높이고 장기 실업을 방지하는 효과를 내고 있다. 또한 고용 노동 사무소는 최근 난민을 위한 프로그램을 별도로 운영하고 있으며, 스웨덴어와 영어가 아닌 모국어로 시스템을 이용할 수 있도록 배려하고 있다.

사회 복지 서비스
종사자의 근로 환경

최근 스웨덴 사회도 다른 EU 국가와 마찬가지로 고령화의 영향을 크게 받고 있다. 고령자가 된 주민들은 주거 · 복지 등에서 과거보다 더 광범위하고 다양한 사회 복지 서비스를 요구하고 있지만, 인원 충원은 예산의 한계로 인해 쉽지 않은 상황이다. 특히 타 업종에 비해 신체적 · 정신적 스트레스는 높지만, 보수 및 근무 환경은 열악하여 신규 충원도 쉽지 않은 상황이다. 게다가 사회 복지 서비스를 제공하는 종사자들의 연령도 계속해서 높아지고 있기에 스웨덴 정부는 사회 복지 수요자와 서비스 제공자 모두를 고려해야만 하는 상황이 되었다. 이러한 문제에 직면한 스웨덴 정부는 사회 복지 종사자의 처우 개선을 통해 돌파구를 마련하였다.

스웨덴의 일반적인 병가 일수는 유럽 15개국 평균보다 높게 나타나며, 이 중에서 여성은 33일로 남성의 22일보다 평균 10일이 더 높게 나타난다(PROP. 2015/16:1). 특히 돌봄 서비스 분야에 종사하는 종사자의 병가 일수는 일반 근로자들보다 높은데, 일부에서는 이를 스웨덴 복지병의 폐해라고 주장하기도 한다. 하지만 현재 사회 복지 서비스 종사자들의 병가 일수는 육체적·정신적으로 다른 직업군에 비해 수고를 더 많이 할 수밖에 없는 산업 구조 때문에 발생하는 것으로 보아야 할 것이다(Socialförsäkringsrapport 2014:4).

또한 작업 환경 디자인 규정(AFS. 2009:2)에서는 근로자들이 사용하는 근무 환경에 대해 구체적으로 규정하고 있다. 일반적으로 사회 복지 종사자들의 작업 공간은 좁기 때문에 침대 및 책상, 데스크 탑의 위치 등이 반복된 업무로 인해 피로감을 느끼지 않도록 설계해야 한다. 또한 좁은 공간에서 장시간 근무함으로써 피로가 누적되지 않도록 정해진 시간 동안 적정한 휴식을 취할 권리를 명시하고 있다.

고용주의 종사자에 대한 의무도 구체적으로 명시되어 있나. 만약 종사자와 환자 간에 다툼이 발생했다면 고용주는 다툼의 원인을 파악해야 한다. 그런데 혹시 열악한 근무 환경이 종사자의 불친절 등의 원인이 되었다면 고용주는 신속히 업무 환경을 개선해야 한다. 그리고 고용주는 종사자가 업무를 수행하는 과정에서 발생하는 사고에 대해서는 의료 지원을 받을 수 있도록 해야 한다. 일반적으로 복지 서비스 종사자들은 자신보다 무거운 사람을 간호하고, 그들의 재활을 보조해야 하는 경우도 많다. 그래서 근골격계 질환의 발생 빈도가 타 업종에 비해 높은 편이며, 특히 여성에게서 발병되는 빈도가 높아 여성 복지 서비스 종사자에 대한 질환 검사 항목이 추가되었다. 성별에 따른 위험뿐만 아니라 젊은 종사자들에게도 업무상 동일한 질환이 발생할 수 있기 때문에 예방 치료 및 사후 치료에 대한 의료 지원도 광범위하게 확대·적용되고 있다.

그 외 여성 복지 서비스 종사자들이 방문 서비스 등을 제공할 때 남성보다 위험에 노출되는 사례가 많이 보고됨에 따라 업무 환경 지원에 대한 개선을 계속해서 추진하고 있다 (Arbetsmiljöverketrapport. 2014:3). 그리고 사회 복지 서비스 종사자들은 환자로부터 위협이나 폭력에 노출될 가능성이 크므로 신체적인 위험뿐 아니라 스트레스나 정신적 폭력으로 인한 정신 질환에 대한 부분까지 모두 지원 받을 수 있도록 하고 있다. 또한 특수 장애인을 위한 복지 서비스 종사자는 업무상 필요한 특수 장비 등을 요청할 수 있고, 방문 서비스를 할 경우에는 복지 서비스 종사자가 본인에게 적합한 업무 작업 공간까지 요구할 수 있다(https://www.av.se).

이상에서 스웨덴의 사회 복지 서비스 종사자들에 대한 지원에 관하여 살펴보았다. 스웨덴은 주민에게 제공하는 복지 서비스의 질이 제대로 유지되고 향상되기 위해서는 수요자인 주민은 물론 서비스 제공자인 종사자들의 업무 만족도도 매우 중요한 요소임을 인지하고 있다. 스웨덴은 이들의 처우에 관심을 가지고 지속적인 지원을 함으로써 종사자들의 중도 이탈을 막고 주민들에게 수준 높은 서비스를 제공할 수 있는 기반을 마련한 것이다. 우리나라도 고령화 등의 영향으로 계속해서 사회 복지 서비스에 대한 요구가 늘어나고 있다. 이러한 상황에서 신규 인력을 충원하는 것도 중요하겠지만, 사회 복지 서비스에 대한 경험이 풍부하고 특히 이 업무에 소명을 가진 기존 종사자들이 현직을 떠나지 않고 오랫동안 업무에 종사할 수 있는 여건을 조성하는 것도 매우 중요한 해결책이라 생각된다.

04

기초 자치 단체 복지 서비스 질 향상을
책임지는 보건 돌봄 서비스 관리청

스웨덴은 사회 복지 서비스 질 향상을 위해 2011년 부터 보건 돌봄 서비스 관리청(이하 관리청)을 별도로 운영하고 있다. 관리청은 스웨덴 보건 돌봄 서비스의 품질 평가와 서비스 효율성을 점검하는 기관으로 복지 서비스 제공 기관 감독권과 시정 명령권을 가진다. 만약 관련 기관에서 문제가 발생할 경우 관리청은 보완이나 시정 명령을 내릴 수 있고, 이에 응하지 않을 시 서비스 제공 자격을 제한할 수 있는 권한이 있다. 관리청의 역할과 스웨덴의 사회 복지 서비스 전달 체계를 이해하기 위해서는 스웨덴 행정 체계를 이해하는 것이 필요하다.

스웨덴 행정 구조는 기초 자치 단체에 해당하는 코뮨(Kommun), 광역 자치 단체에 해당하는 란드스팅(Landsting), 그리고 중앙 정부로 구성된다. 현재 스웨덴에는 20개의 광역 자치 단체가 있고, 주민과 직접 대면하는 290개의 기초 자치 단체가 있다. 특히 기초 자치 단체는 조세 행정권을 가지고 있어, 지역 주민 중심의 복지 서비스 제공이 가능하였다(SKL, 2013).

예산 절감과 업무 효율성 향상을 위해 돌봄 서비스에도 민영화가 도입되기 시작하였다(Karin, 2014). 아웃소싱을 통한 민간 사회 복지 서비스의 등장으로 지역 복지 서비스 간에 균형을 맞추기 위한 전담 사무소가 생기게 되었고, 이들 사무소는 민간 서비스 기관에도 공공 기관과 비슷한 수준의 서비스를 제공하도록 의무를 부과하였다(SALAR, 2014). 그러나 민영화는 수요자 중심의 맞춤형 서비스 제공 등 서비스 향상보다는 이윤 극대화 추구에 따른 전반적 복지 하락을 야기함으로써 정부는 2011년 1월 1일 보건 돌봄 서비스 관리청(Myndigheten för vård- och omsorgsanalys)을 신설하게 되었다.

관리청은 스웨덴 보건 돌봄 서비스에 대한 총체적 점검과 관리 감독의 역할을 수행한다. 이를 통해 스웨덴 국민이라면 어느 곳에 살든지 동일한 복지 서비스를 받을 수 있다. 최근 스웨덴 정부가 경제 수준 차이로 복지 서비스 질이나 접근성 등에서 차별 받는 일이 발행하지 않도록 사회 복지 분야의 평가 감독 기능을 강화하겠다고 밝힘으로써 관리청의 역할은 더욱 확대될 전망이다(Dir, 2015).

특기할 것은 관리청이 중앙 정부 소속 기관임에도 지역 코뮨과의 다양하고 긴밀한 연계를 통하여 복지 서비스 전달 체계의 효율성과 형평성을 높이는 역할을 성공적으로 수행하고 있다는 점이다. 관리청은 협력과 감독을 적절히 활용하며 주민에게 제공되는 사회 복지 서비스의 질을 일정하게 유지하는 역할을 담당하고 있다.

스웨덴 사례는 한국의 사회 복지 서비스 전달 체계에도 많은 시사점을 준다. 지금처럼 중앙 정부가 직접 복지 서비스를 각 지역에 할당하는 식이 아니라, 지방 자치 단체가 지역에 맞는 서비스를 스스로 발굴하고 제공할 수 있는 제도적 여건이 우선 마련되어야 할 것이다. 그리고 지역이나 서비스 제공 주체가 상이하더라도 어디서든 동일한 수준의 복지 서비스를 제공하기 위해서는 스웨덴의 관리청과 같은 기구를 운영할 필요가 있을 것이다.

복지 서비스 전달 체계의 효율성과 형평성이라는 두 마리

토끼를 한 번에 잡는 것은 쉬운 일이 아니다. 둘 사이의 균형을 적절히 맞추고 있는 스웨덴의 지혜를 배워 한국만의 복지 서비스 균형 맞추기를 시도해 나가야 할 것이다.

05

자영업자를
위한 나라로

중소기업벤처부는 2018년 8월 22일 7조 원 이상의 대규모 지원 대책을 포함하는 "소상공인 · 자영업자 지원 대책"을 발표하였다. 같은 자료에 따르면 한국의 자영업자 수는 약 570만 명(襲.6월)으로 해외 주요 선진국들과 비교할 때 전체 취업자 대비 자영업자 수가 매우 높은 수준이다. 또한 내수 부진 · 경쟁 심화 등으로 매출 증가는 제한적인데 반해, 임차료 상승 등 매년 경영상 비용 부담이 가중되고 있고 사회 안전망의 사각지대로 인해 보호가 미흡한 실정이었다. 이러한 문제점으로 인해 정부는 소상공인 · 자영업자를 지원하기 위한 대책을 발표하기에 이르렀다. 스웨덴의 경우 유럽 주요 국가들에 비해 자영업자의 비중이 낮은 편이다.

유럽 24개국의 자영업 비율 추이
(2005년~2014년)

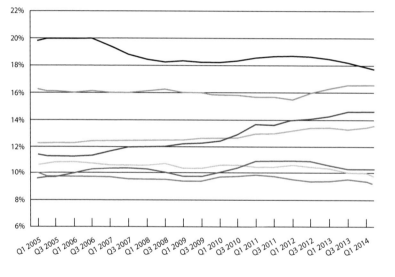

스웨덴에서 자영업자 비중이 낮은 이유는 취업자에 비해 자영업자에게 부과하는 세율이 굉장히 높았기 때문이다. 또한 자영업에 대한 사회적 인식도 부정적이었다. 실례로 스웨덴을 대표하는 유명한 캐릭터인 '말괄량이 삐삐'의 저자 아스트리드 린드그렌(Astrid Lindgren)은 자영업자에게 부과되는 과도하고 부당한 세율에 대해 풍자 동화를 통해 비판한 바 있다. 1976년에 발표된 이 동화에는 가상의 나라인 모니스마니엔(Monismanien)에 사는 동화 작가 폼페리포사(Pomperipossa)가 등장한다. 당시 스웨덴은 작가도 자영업자로 분류되었는데, 린드그렌은 글을 쓰면 쓸수록 오히려 세금이 더 늘어나 수입이 줄어드는 역설적인 상황을 폼페리포사에 투영하여 부당한 세율 산정을 고발하였고, 사회적으로 큰 반향을 일으켰다[22].

이러한 사회적 분위기로 인해 스웨덴은 아직까지 자영업의 비율이 낮은 편이지만, 양질의 일자리가 줄어드는 등의 사회적 변화로 인해 스웨덴 정부도 자영업자 지원 대책을 마련하기 시작하였다. 1990년 후반부터 자영업자에게 부과하

---

22 자세한 내용은 다음을 참조. https://www.expressen.se/noje/pomperipossa-i-monismanien/. https://sv.wikipedia.org/wiki/Pomperipossa_i_Monismanien

는 세율을 조정하였고, 맞춤형 컨설팅을 통해 신규 자영업자를 지원하고 있다. 특히 프리랜서나 파트타임 종사자들도 자영업을 겸할 수 있는데, 일정 수입에 한해 세금 면제의 혜택[23]을 주고, 향후 연금의 혜택을 높일 수 있기 때문에 국가 차원에서 창업을 적극적으로 권장하고 있다. 정부는 이러한 정책을 홍보하고, 자영업자에게 실질적인 도움을 주기 위하여 자영업자 박람회 등을 꾸준히 개최하고 있다.

자영업자를 위한 박람회 (2017년)

자영업자 박람회[24]는 매년 11월 둘째 주 스웨덴 스톡홀름 엘브훼(Älvsjö)에서 열린다. 2018년 한 해 동안 약 6,000여 명

---

23 직원 3명 이하, 연간 소득 SEK 15,000 이하일 경우 세금 면제, 직원 10명 이하, 순매출액 SEK 24,000,000 이하의 경우 회계사 고용의 의무가 없다(www.verksamt.se).

24 https://www.egetforetag.se

이 박람회를 다녀갔으며, 정부 기관, 코뮨 및 협회, 자영업자 등 다양한 이해 관계자들이 참여하는 등 기존 자영업자들뿐만 아니라 예비 자영업자들에게도 매우 인기가 높다. 박람회에서는 사업 성공을 위한 노하우를 비롯하여, 비즈니스 네트워크 확장 방법 등 다양한 주제의 세미나를 제공하고 있으며, 예비 자영업자를 위한 행정 절차와 재무 컨설팅 등을 제공하고 있다. 또한 다양한 분야의 소상공인들이 참여하여 자신들의 제품과 서비스를 홍보하고, 중·대기업과 협력적 제휴를 맺기도 하는 등 다방면으로 활용되고 있다.

06

플랫폼 노동 시대에
대처하는 자세

한때 IT는 특정 산업 분야를 지칭했었지만, 이제는 이를 넘어 사회 전 분야에 영향을 미치고 있다. 특히 인터넷과 스마트폰의 보급으로 디지털 플랫폼(Digital Platform)이 형성됨에 따라, 이를 기반으로 하는 신종 일자리도 탄생하였다. 이른바 플랫폼 노동(Platform work)[25]의 탄생이다. 이미 보험 설계, 배달 및 심부름 대행, 대리운전, 펫 시터 등 다양한 분야의 디지털 플랫폼이 형성되어 있으며, 국내에서는 약 3만 명

---

25 플랫폼 노동은 스마트폰 사용이 일상화되면서 등장한 노동 형태로, 앱이나 소셜 네트워크 서비스(SNS) 등 디지털 플랫폼에 소속되어 일하는 것을 말한다. 고객은 스마트폰 앱 등을 통해 서비스를 요청하면, 플랫폼 노동자는 이 정보를 보고 관련 서비스를 제공한다(네이버 지식백과).

이상이 디지털 노동을 제공하고 있는 것으로 추정된다. 플랫폼 노동의 등장은 기존 서비스 시장의 진입 장벽을 낮추고, 쉽고 편리하게 서비스를 요청하고 제공 받는다는 점에서 장점이 있다. 하지만 대부분의 플랫폼 노동 종사자들은 사업주와 별도로 근로 계약을 체결하지 않고, 마치 자영업자처럼 활동하고 있어 노동조합의 결성이나 가입, 각종 사회 보험 등에서 배제되는 등 충분한 노동자로서의 권리를 보장 받지 못하고 있다는 한계도 있다.

어쨌든 앞으로 이러한 형태의 노동은 더욱 늘어날 것으로 예상된다. 스웨덴의 경우도 마찬가지다. 노동자의 권리를 강하게 보호하고 있는 스웨덴에서는 플랫폼 노동을 진정한 의미의 노동으로 인정해야 할 것인지 아니면 새로운 형태의 자영업으로 볼 것인가에 대한 논의가 뜨겁다. 하지만 이러한 논의와는 별개로 어느 날 갑자기 나타난 플랫폼 노동을 어떻게 스웨덴 사회로 받아들일지에 대해 지금도 진지하게 고민하고 있다. 이에 스웨덴이 플랫폼 노동에 대처하는 자세를 살짝 엿보고자 한다.

그동안 스웨덴은 근로자 중심의 노동법을 바탕으로 사회가 형성되어 왔기 때문에, 새롭게 등장한 임시직 형태의 근로에 대해서는 사회적 반감이 매우 컸다. 이러한 영향으로 플랫폼 노동의 비중이 높은 포르투갈(15.7)의 절반 수준(7.8)에 그치는 등 타 유럽 국가들에 비해 플랫폼 노동의 비중이 현저히 낮은 편이다[26]. 그러나 이민으로 인한 인구의 급증, 경기 불황 등의 영향으로 플랫폼 노동이 점차 늘어나기 시작했다.

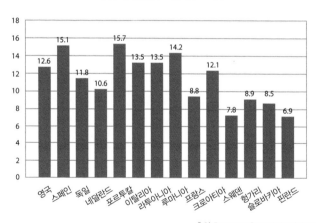

유럽 내 플랫폼 노동자 (2017년)

출처: European Commission (2018)

---

26 유럽 내 14개국을 중심으로 실시한 '2017 Colleem Survey'의 자료를 인용하였다.

스웨덴의 플랫폼 노동자는 독립 자영업자로 간주되고 있으며, 일반 자영업자와 동일하게 민법이 적용되지만, 이에 더하여 노동법의 보호도 일부 받을 수 있다. 그래서 노동조합을 설립하거나 노동조합에 가입할 수 있고, 근로 환경법에 따라 실업 급여 수령 및 근로자 상해 보상도 받을 수 있다. 하지만 최근 플랫폼 노동자가 급증하면서 기존과는 달리 열악한 형태의 플랫폼 근로가 생겨나기 시작하면서 사회적 문제가 되고 있다. 이는 플랫폼 노동조합의 가입 비율이 낮고, 종사자 중 이민자의 비율이 높은 것이 원인으로 지적되고 있다. 이에 대해 전문가들은 플랫폼 노동자를 보호하기 위하여 플랫폼 노동을 노동법 테두리 안으로 가져와야 한다고 주장한다. 특히 사회보장의 사각지대에 있는 이들 노동자들을 위한 보호 정책이 필요하다고 지적하고 있다. 만약 지금과 같은 상황이 지속된다면, 플랫폼 노동자의 노동 조건은 계속 악화되어 사회 혼란을 야기하고 이를 해결하기 위한 사회적 비용이 증가할 것이기 때문이다. 따라서 스웨덴 정부는 플랫폼 노동자를 포함한 자영업자(독립 자영업자 포함)를 노동법에 포섭시킬 수 있도록 관련 조사 등을 추진하고 있다. 플랫폼 노동이라는 어색한 변화에도 불구하고, 그럼에도 그 속에서

일하는 사람들을 보호해주기 위해 계속해서 노력하는 모습이 바로 스웨덴이 플랫폼 노동에 대처하는 자세이다.

07

스웨덴의
감정 노동자

　　어느 사회든 사람이 모여 살다보면 다툼이 발생할
수밖에 없다. 그러나 다툼에 대한 해결 방식은 각 사회에서
축적되어온 사회적 분위기에 따라 다양하다. 한국은 "우는
아이 젖 준다."라는 말처럼 상대에게 보다 적극적으로 표현
하거나 주장하는 경우가 많으나, 스웨덴은 "큰 소리 내는 사
람은 싸움에서 진 것이다."라는 속담이 대변하듯 당사자 간
직접적인 해결 대신 제3자를 통한 절충 방안을 모색한다.

　　이와 같은 스웨덴의 갈등 대응 방식은 빠르게 문제를 해
결하지는 못하지만, 갈등 당사자가 서로에게 주는 상처는 최
소화할 수 있다. 이러한 스웨덴의 사회적 분위기는 타인과의

관계에서도 나타난다. 음성을 높이거나 욕설을 하는 행위는 매우 경박하고 무례한 행동이므로 절대 하지 말아야 할 행동이다. 그래서 스웨덴의 관공서나 일반 상점에서도 직원과 고객(손님)이 언쟁하면서 다투는 일은 매우 드물다. 혹시나 언쟁이 발생할 경우 중간 관리자급의 매니저가 상황을 정리하는데, 이때 직원은 매니저에게 자신의 상황을 설명만 할 뿐 고객과 직접적인 대면은 하지 않는다. 일단 매니저가 문제에 개입하게 되면, 이후의 일은 매니저가 책임지고 상황을 마무리한다.

한국과는 달리 스웨덴 근로자는 근로 계약에 근거하여 해당 노동에 대해서만 책임을 지도록 하고 있다. 그래서 서비스업에 종사한다고 하더라도 고객에게 과도한 서비스를 제공하는 경우는 드물며, 고객에게 직접 사과하거나 인격적 모욕을 당하는 등의 고객 갑질 사건은 거의 발생하지 않는다.

스웨덴에도 서비스업에 종사하는 감정 노동자들이 많다. 이들을 보호하기 위한 별도 법은 없고, 모든 노동자에게 적용되는 작업환경법(Arbetsmiljölagen)을 통해 노동자의 감정 노동까지 보호한다. 작업환경법은 1977년 제정되었으며, 총 10장으로 구성되어 있다. 작업 환경에 대한 범위, 환경 상태, 근로자의 권리와 의무 등이 구체적으로 명시되어 있다. 이 중에서 제2장 작업 상태에 관한 조항 1절을 보면 근로 조건은 노동자의 육체적·정신적 조건에 맞게 설계되어야 하며, 노동자가 질병이나 사고로 이어질 수 있는 육체적 긴장이나 정신적 스트레스를 받지 않아야 한다고 명시하고 있다. 이러한 법을 통해 스웨덴에서는 산재를 폭넓게 적용하고 있으며, 담당 의사의 판단만으로도 노동자가 산재 혜택을 받을 수 있도록 하고 있다. 스웨덴에서 감정 노동자에 대한 문제가 사회적으로 크게 이슈화된 적은 없으나 사회 서비스가 보편화되어 있어 사회 복지 서비스 종사자들의 처우나 업무로 인한 과도한 스트레스에 대해 논의되기도 한다.

사회 복지 서비스 종사자는 다른 직군에 비해 업무 스트레스가 매우 높게 나타난다. 이에 대해 사회 복지 서비스를 담당하고 있는 각 코뮨들은 다양한 조치를 통해 노동자를 보호하고 있다. 충분한 휴식 시간은 물론 고객과의 응대 및 위기 대처 방법에 대한 세미나를 개최하기도 하고, 관련 교육 프로그램을 제공하기도 하며, 근로 환경에 대한 법률 상담을 실시하기도 한다. 그리고 근로자들로부터 가장 선호도가 높은 정신 및 심리 상담 서비스를 제공하기도 한다. 스톡홀름 동쪽에 위치한 리딩예 코뮌(LidingöKommun)은 사회 서비스법에 근거하여 사회 복지 서비스 종사자들이 서비스 대상자인 고객을 거부하거나 교체할 수 있는 권한을 인정하고 있다. 또한 정신 및 심리 상담을 지원함으로써 사회 복지 서비스 종사자들이 업무 스트레스를 관리할 수 있도록 돕고 있다. 코뮌에서 제공하는 정신 및 심리 상담 지원은 온오프라인으로 언제든 신청 가능하며, 근무 시간 외 전화상담도 가능하다. 상담 내용은 주로 근무 중 발생하는 스트레스 관리법뿐만 아니라 일을 함에 있어서 스트레스를 주는 모든 요소(회사, 가족, 대인관계 등)에 대해 상담할 수 있다. 기본적으로 연 4회 상담을 제공 받을 수 있지만 업무 스트레스 정도에 따라 매니저가 승인하면 추가적인 상담도 1-2회 가능하다.

최근 한국에서는 도를 넘는 고객 갑질에 대해 감정 노동자들을 보호하기 위한 법적 가이드라인을 만들었다. 하지만 형식적 제도만으로는 이 문제를 완전히 해결할 수는 없다. 법 이전에 서로가 서로를 존중해주는 사회적 분위기의 정착이 갑질 문제를 근원적으로 해결할 수 있을 것이다. 또한 문제가 발생했을 때 당사자가 모든 부담을 갖고 어떻게든 해결하도록 강요하는 대신 관리자를 포함한 제3자가 적극 개입하

여 문제를 해결하고 직원을 보호해 줄 수 있는 직장 분위기
가 형성되어야 할 것이다.

혼자서도
행복할 수 있는 나라

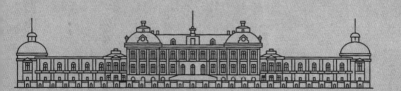

"A country that **can be happy alone**"

01 ___

독거노인을 위한
특별 프로그램

    2016년 다큐멘터리 형식의 영화 "스웨덴식 사랑론 (The Swedish Theory of Love)"은 강한 국가와 강한 개인의 공존 체계를 근간으로 하는 스웨덴식 사회 체제에 대하여 근원적 인 의문을 제기하였다[27]. 영화는 한 비혼 여성이 자가 임신(스 웨덴은 국가로부터 비혼 여성이 인공 수정을 위한 재정적 지원을 받을 수 있 고, 정자은행으로부터 합법적으로 정자를 기증받을 수 있음)을 위하여 스 스로 주사기를 이용해서 시술하는 사건으로 시작한다. 그리 고 한 독거노인이 고독사한 뒤 2년 후 발견되어 스웨덴 사회에

---

27 이 영화는 개인의 자율성을 최대한 보장하기 위해 국가가 최선의 복지를 제공한
다는 국가주의적 개인주의(state individualism)가 1960년대 이후 스웨덴 사회에
어떤 영향을 미쳤는지를 비판적으로 고찰하고 있다(Wikipedia).

큰 충격을 주었던 사건을 보여줌으로써 현대 스웨덴의 극대화된 개인주의와 인간 소외의 문제를 비판적으로 다루고 있다.

특히 독거노인 사망 사건이 큰 충격으로 받아들여진 것은 스웨덴의 현재 인구 구조 특성에서 기인한다고 볼 수 있다.

유럽 국가 1인 가구 비율 (2016년)

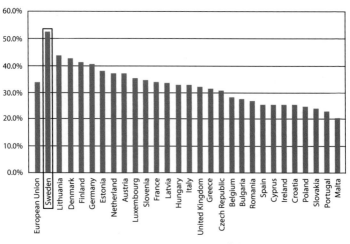

출처: http://ec.europa.eu/eurostat

스웨덴 인구의 약 52%는 1인 가구이며 그중에서도 홀로 사는 노인 인구가 상당수를 차지하고 있다. 따라서 전체 국민 10명 중 5명이 자칫 복지 사각지대에 놓일 수 있다는 점과 무엇보다 나도 그중에 하나가 될 수 있다는 불안감 때문에 그 어느 때보다 독거노인 고독사 사건에 민감했던 것으로 분석된다.

　이러한 두려움에도 불구하고 다행히 독거노인에 대한 스웨덴의 복지 체계는 여전히 잘 갖추어져 있다. 스웨덴은 1950년대부터 이미 독거노인을 위한 복지 서비스를 실시하였다. 당시 나이가 들거나 질병이 생길 경우 자신의 집에서 지원받기보다는 양로원으로 거처를 옮겨 보호를 받을 수 있도록 하였다. 그러나 이에 대해 이발 루 요한손(Ivar Lo-Johansson)[28] 등 반대론자들은 이러한 조치는 지극히 비인도적인 행위라고 비판하는 동시에 재가 복지 서비스 실시를 위한 캠페인을 벌였다. 이러한 노력 덕분에 고령자를 위한 재가 복지 서비스가 점차 확대되기 시작하였다. 스웨덴 적십자는 간병인 등 필요 노동력 확보를 위해 저학력 실업 여성을 동원하였고, 이들이 독거노인 자택에 방문하는 서비스를 제공

---

[28] 스웨덴의 작가

하기 시작하였다. 이후 적십자사는 보다 체계적이고 조직적인 재가 복지 서비스 프로그램이 될 수 있도록 제도를 발전시켜 나갔다. 이러한 노력 덕분에 현재 사회 복지 서비스를 책임지는 각 코뮨에는 독거노인을 위한 특별 부서가 설치되어 운영되고 있다.

특별 부서에서 설치·운영하고 있는 독거노인 복지 서비스는 서비스 대상 고객의 선정 과정에서부터 시작된다. 예를 들면 스톡홀름 코뮨의 경우 무작위로 독거노인을 선정하여 1년 동안 관찰한다. 관찰 대상이 된 독거노인에 대해 한 달에 여섯 번씩 1년 동안 하루 일과를 관찰하고, 구체적인 상황들을 살핀 뒤 어떻게 지원할지를 결정한다. 이는 같은 노인이라 할지라도 개인에 따라 필요한 처치가 다르기 때문이며 이를 위해 반드시 전문가의 진단도 포함된다. 이러한 노력을 통해 신세를 비관한 독거노인이 자살이라는 극단적 선택을 하지 않도록 위험을 사전에 예방하는 효과와 질병 등의 사유로 돌연사 하는 것을 방지하는 효과를 내고 있다. 그리고 모니터링 결과는 필요시 다음 프로그램에 반영될 수 있도록 충분히 구체적이고, 자세하게 기록하도록 하고 있다. 특히 좋은 점과 보완할 점 등 모니터링 결과를 충분히 논의한 뒤 다른 코뮌과 이를 공유함으로써 개별 코뮌의 우수 사례가 전체 고령자 사회 복지 시스템에 반영될 수 있는 열린 체계를 구축하고 있다.

이미 한국에서도 각 지자체별로 독거노인을 위한 다양한 프로그램을 진행하고 있다. 여기에 한 발 더 나아가 스웨덴처럼 우수한 개별 프로그램이 신속히 공유되어 전체 복지 시스템의 개선으로 이어질 수 있도록 열린 체계를 구축하는 노력이 필요할 것으로 생각된다.

02

공동 주택에서
1인 가구 해법을 찾다

노인이나 청년이 죽은 지 한참 후에 누군가에게 발견되었다는 고독사 뉴스는 꽤 충격적인 사건이다. 하지만 점차 1인 가구가 늘어나는 최근 상황을 고려할 때 고독사 문제는 어디선가 발생할 수밖에 없는 사회 현상의 하나라고도 볼 수 있을 것이다. 스웨덴에서도 몇 년 전, 한 노인이 사망한 지 2년이 지난 후 발견되었다는 고독사 사건이 발생하였다. 복지의 천국이라 불리는 스웨덴에서의 고독사 사건은 스웨덴 사회 전체를 뒤흔들 정도로 매우 큰 충격을 주었다. 그리고 왜 이러한 일이 스웨덴에서 일어났는지에 대한 사회적인 논의가 시작되었다.

이에 대해 스웨덴의 유명한 역사학자인 라스 트래고드(Lars Trägårdh)는 스웨덴의 극단적 개인주의가 타인에 무관심한 사회를 만들게 되었다고 주장하였다. 그는 "스웨덴 사람들도 인간인가?(Är svensken människa?)"라는 저서에서 스웨덴은 개인의 자율성을 그 어떤 가치보다 소중하게 여기는데, 이러한 경향이 강화되면서 남의 일에 관심 없는 극단적 개인주의화가 되었다고 보았다. 스웨덴인의 극단적 개인주의는 가족 관계에서도 예외 없이 적용된다. 예를 들어 부모가 자녀를 양육할 때 체벌 금지는 물론이고 용돈 등 물질적 지원을 매개로 특정 행위를 요구하거나 금지해서는 안 된다. 만약 물질적 지원으로 인해 자녀가 억압이나 굴욕감을 받았다면 이는 개인의 자율성을 침해한 것으로 판단되어 국가가 부모를 처벌할 수 있다. 저자는 이러한 사회적 분위기로 인해 스웨덴은 남의 일에 무관심한 극대화된 이기주의와 인간 소외의 부작용이 초래됐다고 보았다.

스웨덴 통계청 자료(2016)에 따르면, 스웨덴 내 1인 가구는 전체 가구의 약 40%를 차지하고 있으며, 수도인 스톡홀름은 약 46%로 타 유럽 국가와 비교하더라도 그 비율이 매우 높은 것으로 나타난다. 이는 경기 불황으로 일사리를 찾아 도시로 몰려든 청년층이 증가하여 1인 가구가 급격히 증가했고, 사별·이혼 등으로 혼자 된 고령자 가구가 계속 증가했기 때문이다.

앞서 언급했던 노인 고독사 사건은 스웨덴 사회가 어떻게 1인 가구를 지원할지에 대해 깊이 고민하는 계기가 되었다. 이 사건 이후 정부와 시민 단체는 1인 가구가 가장 취약한 분야인 질병, 인간관계, 정서적 불안정 등을 보완할 수 있는 방법을 찾기 시작하였다. 그 결과, 개인의 자율성은 지키면서 정서적 교감을 나눌 수 있는 공동 주택에 관심을 기울이게 되었다.

공동 주택은 연령대에 따라 선호하는 형태는 다르지만, 타인과 관계를 맺으며 생활한다는 점에서 공통점이 있다. 먼저 청년층이 선호하는 공동 주택은 직장 접근성이 좋고 문화 시설 이용 등이 편리하도록 시내 중심부에 위치해 있다. 대표적으로 Tech Farm[29]에서 운영하는 공동 주택인 K9는 외스테르말름(Ostermalm) 등 시내 중심부에 위치해 있으며, 비용은 한 달에 8,000(SEK 1 = 120.61, 한화 약 965,000원) 크로나[30]로 스웨덴 평균 월세와 비슷하면서도 다양한 편의 시설(요가, 헬스 등

---

29 민간에서 운영하는 회사이다.

30 지역에 따라 비용 차이가 있다. 외스테르말름의 경우 8,000 크로나이다.

운동 시설 및 영화, 음악 감상을 위한 시설 등)을 갖추고 있다. 또한 다양한 동아리가 형성되어 운동, 외국어 능력 향상에 도움을 받을 수 있고, 직장인들 사이에서는 비즈니스를 위한 인맥을 쌓고 정보를 공유할 수 있는 장점이 있다. 이들은 상대적으로 낮은 비용으로 현대식 건물에 입주하여 소셜 미디어를 통한 친밀한 유대 관계를 형성하고, 나아가 우정을 나누고 정서적 지원을 하는 등 그들만의 방식으로 사회 관계망을 형성해가고 있다.

다음으로 Färdknäppen은 개인 공간에서 생활하면서 타인과 공존할 수 있는 방법을 찾는 노년층에서 선호한다. 개인 방과 주방, 욕실이 있지만, 공통의 공간인 세탁실, 운동실, 휴식 공간(테라스), 작업실(목공, 뜨개질 등)을 함께 사용함으로써 사회로부터 멀어지지 않고, 서로 유대감을 형성할 수 있다. 특히 저녁 식사는 공용 주방에서 모두 함께 나누어 먹는 방식을 취함으로 인간의 가장 기본적인 먹고 사는 문제를 함께 공유함으로써 서로의 존재를 확인하고, 정서적 교감을 나눈다.

1인 가구는 전 세계적인 사회 변화로 인해 점점 더 증가할 것으로 보인다. 이에 대해 라스 트레가르드는 1인 가구에 대한 고정 관념, 가령 1인 가구는 분명 외로울 것이라고 획일적으로 판단하기보다는 1인 가구의 다양한 욕구를 어떻게 수용하고, 이를 정책에 반영할지에 대해 고민할 필요가 있다고 하였다. 따라서 1인 가구는 모두 동일하다라는 고정 관념을 버리고, 가장 먼저 실제 1인 가구는 어떠한 특성을 가지고 있는지를 파악해야 한다. 그리고 난 후 비로소 알게 된 다양한 1인 가구의 특성에 맞는 맞춤형 지원 정책을 펼친다면 죽은 지 수년 후 시신이 발견된다는 충격적인 고독사 소식은 줄어들 수 있을 것이다.

03 ___

혼자서도
행복할 수 있는 나라

사회를 이루는 최소 구성단위는 독립된 인격체인 한 개인임이 분명하다. 그러나 지금까지의 역사를 보면 개인보다는 가족이 사회 제도의 기본 단위로 받아들여졌고, 실제 사회 정책의 주요 타깃이 가족 단위에서 이루어지고 있다. 그러나 최근 독거노인과 자발적 비혼자(非婚者)의 증가로 인해 이러한 기본 틀이 바뀌기 시작하였다. 특히 비혼자는 젊을 때부터 혼자 생활하기 시작하여 아주 긴 시간을 홀로 보낸다는 점에서 노후에 홀로 된 독거노인과는 전혀 다른 특성을 가진다. 최근 스웨덴의 1인 가구 연령대별 비율을 보면, 25~34세(174,609)가 가장 많고 다음으로 45~54세로 노령층

보다는 청장년층이 많았다(SCB, 2017)[31].

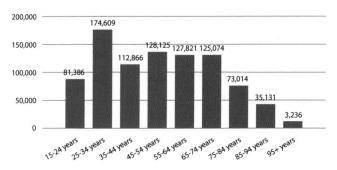

연령별 스웨덴 1인 가구 (2016년)

출처: www.scb.se

31 2016년 스웨덴 통계청 자료에 의하면 연령대별 1인 가구 비율이 다음과 같이 나타난다. 25〜34세(174,609)가 제일 많고, 다음으로 45〜54세(128,125), 55〜64세(127,821), 65〜74세(125,074), 35〜44세(112,866), 15〜24세(81,386), 75〜84세(73,014), 85〜94세(35,131), 95세 이상(3,236)이다.

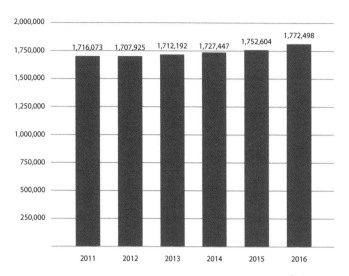

연령별 스웨덴 1인 가구 현황
(2011년~2016년)

출처: www.scb.se

　　이는 1인 가구라 하면 막연히 고독한 노년층일 것이라는 것이 편견임을 일깨워 준다. 또한 근로 등 경제 활동을 통해 세금을 납부하는 등 사회의 일원으로서 책임을 다하고 있음에도 단지 가족을 이루지 않았다는 이유만으로 각종 지원이나 혜택에서 배제된다는 것은 결코 바람직하지 않다. 이러한 배경에서 한국처럼 날로 1인 가구가 늘어나고 있는 스웨덴은 이 상황에서 어떻게 대처하고 있는지를 살펴보고자 한다.

스웨덴은 전통적인 가족 중심의 사회이다. 스웨덴 정부는 오래전부터 일·가정 양립을 중요한 정책 문제로 인식하여 이를 사회에 안착시키기 위해 노력해왔다. 하지만 개인도 가족과 더불어 중요한 정책 타깃이다. 교육, 의료, 주택 등 개인이 혼자서 해결하기 어려운 문제들에 대해 국가가 지원을 통해 적극 개입한다. 왜냐하면 개인이 제대로 된 독립된 삶을 영위하기 위해서는 교육과 의료, 주거 문제는 기본적인 사항이며, 정부는 도움이 필요한 개인들에게 이들 서비스를 무상으로 제공한다.

가장 주목할 만한 1인 가구 지원 정책은 공공 의료이다. 스웨덴의 공공 의료 제도는 1955년부터 시작되었는데, 기초 자치 단체인 코뮌에서 제공 받을 수 있고 지역에 관계없이 동일한 수준의 의료 서비스 제공을 위해 보건 돌봄 서비스 관리청(Myndigheten för våd-och omsorgsanalys)이 감독하고 있다[32]. 의료 서비스가 필요한 사람은 1년에 1,100 크로나(SEK 1= 120,61, 한화 약 133,000원)[33]를 납부하면 비용과 상관없이 모든 진

---

[32] 2011년 설립되었다.

[33] 2019년 기준으로 의료 서비스 1년 상한금액은 1,100 크로나로 모든 사람에게 동일하다. 하지만 1회 이용 금액은 코뮌에 따라 차이가 있으며, 일반적으로 0~300 크로나 사이이다. 약 처방의 경우 1년 상한 금액은 2,250 크로나이다(https://sweden.se/society/health-care-in-sweden).

료를 보건소에서 받을 수 있다. 이러한 제도를 통해 비용 부담이 큰 질병에 걸리더라도 개인은 안심하고 진료를 받을 수 있게 된다. 뿐만 아니라 스웨덴은 에델 개혁 이후 재활 서비스도 제공하고 있어 혼자 사는 사람이 질병에 걸려 돌봄(간호, 청소, 빨래, 식사 보모 등)이 필요할 경우에도 정부의 도움을 받을 수 있다. 만약 특수한 질병이나 중증 질병을 앓고 있는 1인 가구가 치료 기간 내 보건소를 방문하지 않거나 연락이 닿지 않을 경우 직접 찾아가서 환자의 상황을 확인하는 서비스도 제공하고 있다.

다음으로 주거 지원으로 스웨덴에서의 주택 정책은 개인이 처한 상황에 따라 다르지만 기본적으로 사회적 약자가 좋은 집을 가질 수 있도록 하는 것을 기본 방침으로 한다. 스웨덴 국민의 약 3분의 1 가량이 거주하는 임대주택은 대부분 코뮨 소유이며, 신청 자격과 거주 기간에 제한이 없다. 그리고 청년이나 저소득층의 강제 퇴거를 방지하기 위해 임대료 인상 상한제(거주자의 40%가 적용)와 저렴한 임대료(월 4,000 크로나, SEK 1 = 120.61, 한화 약 483,000원)를 유지하도록 하고 있다. 그리고 재임대 규정을 엄격하게 제한하여 투기 목적으로 집을 소유할 수 없도록 하며, 불가피하게 재임대를 할 경우 임대료는 임차인이 내는 임대료의 15%까지만 가능하도록 규정하고 있다. 2013년 개정법에 따르면 민간 아파트의 경우 재임대의 임대료 상한 규제는 풀었으나, 각 랜(Län)의 임대 위원회(Hyresnämnden)를 통해 임대인이 시세보다 높은 임대료를 부당하게 요구할 경우 제소할 수 있도록 하는 등 1인 가구도 저렴하지만 좋은 주택에서 생활할 수 있는 제도적 뒷받침이 되어있다.

스웨덴은 비록 혼자 살더라도 얼마든지 행복하게 살 수 있도록 교육, 의료, 주거 등에 대한 기본적인 제도적 장치들을 구비하고 있다. 따라서 우리는 원하든 원하지 않든 가족을 이루지 않고 홀로 살게 된 1인 가구라 하더라도 사회에서 소외받지 않도록 함께 행복하게 살 수 있도록 도와주는 스웨덴의 노력을 눈여겨볼 필요가 있다. 왜냐하면 한국도 여러 이유들로 인해 1인 가구가 계속해서 늘어갈 것이기 때문이고, 이들 역시 사회적 관심을 받아야 할, 넓은 의미에서 한국 사회의 새로운 가족 유형이기 때문이다.

04

홈헬프(Homehelp):
재가 서비스 변천사

만약 가족 중에 치매에 걸렸거나 혼자서는 거동할 수 없는 상황에 처했다면 누가 이들을 돌봐야 할까? 이러한 질문에 대해 아직까지는 가족이 감당해야 한다는 의견이 많겠지만, 이제는 개인이 모든 부담을 떠안는 대신 국가나 지역 사회도 그 책임을 나누는 것으로 바뀌고 있다. 이에 대한 구체적인 방안으로 정부는 올해 7월 말까지 커뮤니티 케어 로드맵을 발표하기로 하였고, 연내 '재가 및 지역 사회 중심 선도 사업' 모델을 개발해 추진하겠다고 하였다. 커뮤니티 케어는 더 이상 개인의 노력만으로는 고령화, 중증 질병 등에 제대로 대응할 수 없다는 현실 인식에서부터 출발하였다.

이미 이 제도를 운용하고 있는 스웨덴의 사례를 통해 커뮤니티 케어 도입[34]이 우리 사회에 미칠 영향을 살펴보고자 한다.

스웨덴은 1930년대 일부 저소득 계층에게 제공되던 사회 서비스를 모든 사람에게 제공할 것을 천명하였다. 이를 통해 여성은 가족 돌봄으로부터 해방되어 사회 진출이 활발해지게 되었고, 1946년 노인 연금 및 노인 돌봄 시설의 도입으로 자녀들은 부모에 대한 돌봄 의무에서 벗어날 수 있었다. 그러나 1940년 후반 열악한 노인 시설의 상황이 밝혀지면서, 인간의 존엄성을 훼손하지 않으면서도 이들을 돌볼 수 있는 새로운 대안을 고민하게 되었다. 그러던 중 1950년 웁살라 지역 적십자가 중년 주부를 고용하여 노인을 위한 홈헬프 서비스를 시작했는데, 이 정책이 성공을 거두면서 재가 서비스가 스웨덴 사회에 자리를 잡게 되었다. 당시 이 서비스는 노인 이용자의 만족도가 높아 노인 시설에 대한 수요를 감소시켰고 동시에 중년 여성에게 새로운 일자리를 제공하였기 때문이다. 이에 각 지방 정부들은 이 모델을 적극적으로 도입했고, 1960년 중반부터 중앙 정부도 홈헬프 서비스에 대한

---

34 스웨덴 커뮤니티 케어 도입 과정에 대한 부분은 OECD 대한민국정책센터(2013)의 보고서 pp.5-28을 참고하여 작성하였다.

재정 지원을 해줌으로써 재가 서비스가 확대되기 시작하였다. 그러나 1970년 중반부터 주요 노동력이었던 전업 주부 인력이 없어짐에 따라 인건비가 상승하고 재가 서비스 비용도 높아지는 등 위기가 있었지만, 그럼에도 제도는 지속되었다.

하지만, 1990년 초반 1970년에 비해 노인 인구가 약 2배 이상 증가하였고, 국가 위기 등으로 지방 정부의 재정 악화가 심화되어 사회 서비스의 질적 저하가 발생하였다. 이로 인해 이용자들의 불만이 높아져서 다시 재가 서비스로 시선을 돌리게 되었다. 스웨덴 정부는 1992년 에델 개혁(Ädelreformen)[35]을 통해 비로소 시설 중심의 돌봄 서비스에서 거주지 중심의 홈헬프로 패러다임이 전환하게 되었다. 새롭게 도입된 재가 서비스는 예전과 달리 선택과 집중 방식을 통해 돌봄 서비스가 반드시 필요한 노인에게만 서비스를 제공하게 되었고, 이로 인해 이용자 수는 줄었지만 1인당 서비스 사용 시간은 증가하였다. 그리고 1992년부터 사회 서비스의 구매자-공급자 분리가 허용되어 지방 정부에 의한 사회 서비스 독점 공급자는 사라지게 되었고, 대신 영리 혹은 비영리의 민간 공급자

---

35 에델 개혁은 보건 의료와 복지 서비스를 하나의 체계로 통합 운영함으로써 노인 복지 서비스의 질적 향상에 기여하면서 소요 예산은 대폭 감축시킬 수 있는 착상으로 이루어진 정책이다.

와의 계약을 통해 사회 서비스를 제공할 수 있게 되었다.

사회 서비스의 구매자-공급자 분리는 당시 전체 지방 정부의 약 10%만이 도입했지만, 2000년부터 급속히 확대되어 2018년 현재 대부분의 지방 정부가 이를 도입하였다.

스웨덴의 재가 서비스는 각 지역 코뮨을 통해 다음 세 가지를 제공한다[36]. 첫째 가사 보조이다. 집안 청소, 세탁, 식료품 구입, 은행 업무가 해당된다. 둘째, 개인 돌봄이다. 주로 중증 장애인이나 고령의 노인이 신청하는 서비스로 식사 보조, 개인위생을 위한 샤워 및 목욕, 옷 입기, 주변 산책 등이 포함된다. 마지막으로 심리 및 생활 지원이다. 재가 서비스 이용자들이 느끼는 상대적 박탈감이나 소외감 등을 관리하고, 취미 활동을 돕는 것이 해당된다. 서비스 제공 횟수는 이용자의 상태에 따라 달라지는데, 한 달에 한 번 또는 여러 번이 될 수 있다. 각 코뮨[37]에 따라 이용 금액은 다르지만, 최대 상한선이 있어 일정 금액을 초과하지 못하도록 하고 있다. 또한 서비스를 제공하는 담당자가 마음에 들지 않을 경우 이

---

36 www.danderyd.se

37 2018년 현재 스톡홀름의 단데뤼드 코뮨(Danderyd Kommun)은 SEK 2,044(한화 약 255,958원)가 상한선이다.

의 제기가 가능하며, 서비스 자체가 마음에 들지 않을 경우 행정 소송을 통해 보상 받을 수 있다.

이상 스웨덴의 사례를 통해 스웨덴의 재가 서비스의 도입 및 정착 과정, 그리고 현재 상태에 대해 살펴보았다. 사랑하는 가족의 어려움을 다른 가족이 보살펴주는 것은 가족 모두의 의무이자 고귀한 일임은 분명하지만, 치매 등 중증 장애로 인해 남은 가족의 삶도 다 같이 파괴될 수도 있다는 점에서 국가나 지역 사회의 관심이 그 어느 때보다 필요하다. 이러한 의미에서 한국형 재가 서비스인 커뮤니티 케어가 성공적으로 정착하여 지금도 어려움을 겪고 있는 가족들을 위한 또 하나의 버팀목이 될 수 있기를 희망한다.

05

숨은 빈곤층을
찾아라!

사촌이 땅을 사면 배가 아프다고 한다. 여러 해석이 가능하겠지만, 결국 상대적 박탈감이라는 말로 귀결되는 듯하다. 과거 보릿고개로 대표되는 절대적 빈곤 상태에서는 벗어났으나, 어쩌면 빈익빈 부익부와 같은 빈곤의 양극화가 내 배를 아프게 하는지 모르겠다.

경제적 양극화 문제는 비단 우리나라뿐 아니라 국민 소득이 훨씬 높은 국가에서도 쉽게 발견할 수 있고 이로 인한 사회 갈등도 발생하고 있다. 그래서 2015년 유엔 회원국들은 빈곤으로 인한 양극화가 사회 통합을 가로막는다는 인식하에 지속 가능한 사회를 위한 어젠다 수립을 추진하였다. 스웨덴 정부도 이러한 흐름에 동참하면서 다양한 행동 지침[38]을 마련하였고, 이러한 노력의 하나로 더 이상 스웨덴에서 절대 빈곤이 존재하지 않도록 하겠다며 적극적인 빈곤층 지원에 나섰다.

스웨덴에서 저소득층 지원을 담당하는 공식적인 기관은 보건 복지 위원회로 위원회는 각 지역에 있는 코뮨에 재정 지원을 한다. 각 코뮨은 주소지가 등록되어 있는 저소득층을 위해 의료, 주거, 사회 복지 서비스 등 다양한 사회 서비스를 제공한다.

또한 최근에는 사회 복지 서비스를 받고는 있으나 절대 빈곤 상태로 전락할 위험이 매우 높은 집단들에 대한 지원도 강화하고 있다. 빈곤 위험 계층은 소득은 있지만, 그 수준이 낮아 의식주 해결이 어려운 가난한 연금 수령자, 청년, 한부모 가정의 편모(부)와 아이, 외국 배경을 가진 스웨덴인(이민자, 난민 포함) 등을 말한다. 이들은 약 150만 명(스웨덴 전체 인구의 약 16%)으로 추정되며, 만약 이들에 대한 케어가 제대로 이루어지지 않을 경우 언제든지 절대 빈곤층이 될 수 있다는 점에서 지속적인 관심이 필요한 사람들이다. 가령 주거 문제를 예로 들면, 스톡홀름의 경우 공공 임대주택에 입주하기 위한

---

38 https://www.government.se/press-releases/2018/06/the-government-adopts-swedens-action-plan-for-the-2030-agenda

평균 대기 시간은 5년 이상이다. 만약 이 대기 시간 동안 기존 소득으로 월세를 감당하지 못할 경우 주거가 불안해지고, 월세 수준이 높아지면 높아질수록 가처분 소득이 줄어 생활고에 시달릴 위험이 크다. 이러한 문제를 해결하기 위하여 스웨덴 정부는 재교육 등을 통해 더 나은 직장을 찾을 수 있도록 지원한다거나, 국가가 지정한 교육 과정을 이수할 경우 일정 금액을 현금[39]으로 지급해주고 있다. 또한 실생활 바우처[40]를 지급하여 기본적인 의식주 생활을 지속할 수 있도록 돕고 있다.

한편, 스웨덴에서는 복지 사각지대에 있어 아직 발견하지 못한 절대 빈곤층을 찾아 이들을 지원하고자 하는 노력들을 계속하고 있다. 공식적인 빈곤 계층 지원 프로그램은 거주지가 명확한 경우에만 지원이 가능하다. 하지만 일정한 거주지가 없어 주소지가 등록되지 않은 노숙자, 외국인 노동자 등과 같은 비수급 빈곤 계층은 정부의 공식적인 지원을 받을 수 없다. 이와 같은 문제점을 인식한 스웨덴 시티 미션(Sveriges Stadsmissioner)[41]은 통계에 나타나지 않는 절대 빈곤층에 대해

---

39 교육으로 인한 생활비 지원

40 생필품을 구입할 수 있는 바우처

41 Sveriges Stadsmissioner (Sweden's City Missions)은 1853년 결성되었으며, 노숙인의 자활을 돕고, 식사를 제공하는 등 공공복지 서비스에서 소외된 계층을 돕는 시민 단체이다.

정부가 관심을 가질 것을 꾸준히 촉구하고 있다. 스웨덴 시티 미션의 빈곤 사례 조사 보고서(Poverty Report 2017)[42]에 따르면 노숙자의 3분의 2(62%)가 안전한 거주지가 없으며, 식사조차 스스로 해결하지 못하는 것으로 나타나는 등 이들에 대한 사회의 관심이 필요한 것으로 나타났다.

이러한 문제 제기에 대해 현재 스웨덴 정부는 보이지 않는 비수급 빈곤 계층을 찾고자 민관 협력 체계를 구축하는 등 다양한 지원 방안을 모색하고 있다. 특히 오랫동안 지역에서 활동하여 지역 사회를 잘 아는 시민 단체와 스웨덴 교회[43] 등과 협력하여 비수급 빈곤 계층을 찾기 위해 노력하고 있다.

이처럼 스웨덴에서는 정부뿐 아니라 다양한 사회단체들과의 협력을 통해 숨은 빈곤층과 빈곤 위험층을 찾아내고 지원함으로써 사회 통합을 이루고 지속 가능한 사회를 구현하고자 노력하고 있다.

---

42 https://www.eurodiaconia.org/2017/11/2017-poverty-report-published-by-association-of-swedish-city-missions

43 2000년 이후 스웨덴은 국교 제도를 폐지하여 과거보다 교회의 역할이 축소되기는 하였지만, 주민 심리 상담, 외국인을 위한 스웨덴어 교육 봉사, 노숙인의 의식주 해결 지원 등 지역민을 위한 다양한 활동들을 하고 있다.

06

스웨덴의
자살 예방책

  자살! 세계 최고의 복지 국가라는 스웨덴과는 거리가 먼 말인 듯 보이지만, 실제 자살 문제는 현재 스웨덴의 가장 심각한 사회적 이슈의 하나이다. 특히 청소년 자살률이 높아지면서 스웨덴 국립 보건 복지 위원회(Sweden's National Board of Health and Welfare)와 카롤린스카 대학의 국립 정신 건강 센터(NASP)[44]는 자살률 현황 파악을 위한 대대적인 조사를 실시했다. 조사 결과, 2017년 스웨덴에서 스스로 목숨을 끊은 사람은 1,500명이며 이 중 15~24세 사이의 청소년은 149명인 것으로 확인되었다. 또한 1990년대부터 15~24세 연령

---

[44] the national centre for suicide research and prevention of mental Ill-Health

대의 청년 자살률이 꾸준히 증가하고 있다는 사실도 밝혀내었다. 조사를 담당했던 카롤린스카 대학 연구원은 자살률 자체가 높은 수치는 아니지만[45], 자살률은 매년 증가 추세에 있다는 점이 심각한 문제라고 지적하였다. 왜냐하면 이는 스웨덴이 잘못된 방향으로 가고 있다는 중요한 사회적 신호이므로 자살 예방에 더욱 많은 관심과 노력을 기울여야 할 것이라고 주장하였다.

스웨덴은 세계보건기구의 권고에 따라 2013-2020년까지 자살률을 10% 미만으로 낮추는 것을 목표로 자살 예방 국가 행동 전략을 발표하였다. 그리고 이를 위해 각 지방 자치 단체를 중심으로 다양한 프로그램을 함께 실시하고 있다. 자살 예방 행동 전략은 총 9가지이며, 구체적인 내용은 다음과 같다. 첫째, 자살 예방을 위한 저소득층의 복지 확충이다. 보통 소득이 낮고 교육 수준이 낮은 집단에서 자살 위험이 높다. 따라서 저소득층의 사회 보험 및 노동 시장에서의 작업 환경을 개선함으로써 자살을 예방할 수 있기 때문이다. 둘째, 자살 위험군에 대한 음주 단속이다. 알코올 섭취량이 높을 경우 자살률도 높다는 연구 결과를 바탕으로, 알코올에 대한

---

45 1994년에서 2017년까지 조사 결과 매년 증가율 1% 미만으로 나타나지만 증가 추세이다.

상담이나 병력을 가진 사람들을 중심으로 알코올 중독 예방을 위한 프로그램 실시와 주류 판매 규제 및 금지, 구매 한도 설정 등의 조치를 취함으로써 자살을 예방하고자 노력한다. 셋째, 쉽게 자살할 수 있는 환경으로부터의 차단이다. 가령 총기 규제, 수면제 및 항우울제 등의 약물 판매 규율 강화, 독성이 강한 약물 판매 제한 등이 이에 해당된다. 또한 높거나 생명에 위협을 가할 수 있는 환경의 경우 보호막 및 트랙 설치 등을 통해 자살하기 힘든 환경을 조성함으로써 자살을 예방한다. 넷째, 자살을 심리적인 실수로 보는 것이다. 일반적으로 자살은 과도한 육체적·정신적 스트레스로 인해 심리적으로 위축된 상태에서 발생할 가능성이 높다. 따라서 우발적인 자살 충동과 자해 시도는 심리적인 실수로 인한 것이며, 의학적 치료와 사회적 관심[46]을 통해 사회로부터 소외되지 않도록 함으로써 자살을 예방한다. 다섯째, 의학적, 심리적, 정신적 정보의 제공이다. 누구든지 자살에 노출이 된 사람을 발견하면 도움을 줄 수 있도록 기본적인 의학적, 심리적, 정신적 지식을 습득할 수 있는 구조를 마련함으로써 자

---

46 코뮌에 따라 조현병으로 인한 자살 시도자 또는 일반 자살 시도자를 위한 특화된 그룹이 있다.

살을 예방한다. 여섯째, 다양한 사회 교육의 실시이다. 사회 구성원들에게 교육, 컨퍼런스, 세미나 등을 통한 자살 예방 프로그램을 제공함으로써 자살을 예방할 수 있다. 일곱째, 자살을 결심한 사람에게 실질적인 도움을 줄 수 있는 전문가들의 기술 향상을 도와야 한다. 일반적으로 자살을 결심한 사람들이 가장 먼저 또는 가장 많이 접촉하는 사람들이 사회 복지사, 상담사, 의사, 학교 교사, 경찰, 종교인 등이다. 따라서 이들이 자살 예방에 대한 전문 지식을 습득하여 실질적인 도움을 줄 수 있도록 대처함으로써 자살을 예방한다. 여덟째, 자살 사건 이후 철저한 사후 분석을 실시한다. 자살의 원인이나 결과를 파악함으로써 향후 자살 위험을 줄이고, 예방의 효과를 늘릴 수 있기 때문에 반드시 필요한 과정이다 아홉째, 다양한 비영리 기관과의 활동 연계이다. 스웨덴의 자살 예방 관련 프로그램은 지방 자치 단체에서 국가 가이드라인에 따라 운영하고 있다. 하지만, 실제 자살 예방을 위한 다양한 사회 운동을 경험한 사람들이 더 풍부한 자료를 갖고 있으며, 실질적인 도움을 줄 수 있다. 따라서 비영리 기관과의 협력을 통해 자살을 예방할 수 있다.

　　스웨덴은 구체적인 자살 예방 목표와 구체적 행동 방안을 가지고 국민들이 자살이라는 극단적인 선택을 하지 않도록 노력하여 왔다. 이러한 노력 결과 2000년 이후 스웨덴의 자살률은 OECD 국가들 중 낮은 편에 속한다[47]. 그러나 자살 예방 시민 단체인 자살 제로(Suicide Zero)는 스웨덴의 자살률이 교통사고 사망률보다 5배나 높지만, 교통안전을 위한 예산은 1억에서 1억 5천만 크로나(한화 약 125억~187억)임에 반해 자살 예방 연구에는 3백만 크로나(한화 약 37억)뿐이라며 예산 확대를 요구하고 있다. 그리고 자살 예방에 대한 재정 지원 확대와 자살 예방 전담 부서 또는 전담 기구를 설치할 것을 주장하는 등 자살 예방을 위한 정부와 사회의 관심과 인식 전환을 계속 촉구하고 있다.

자살이 개인적 선택인지 아니면 사회적 문제인지에 대한 논쟁은 있을 수 있다. 그러나 지금 필요한 것은 정서적 외로움, 생활고 등 다른 외부적 요인으로 인해 국민이 자살로 내몰리지 않도록 미리 사회적 안전장치를 마련하는 것이다. 이것이 바로 개인의 자유와 선택을 최대한 보장해주려는 스웨덴이 자살을 예방하기 위해 노력하는 이유 중 하나가 아닐까 한다.

---

47 2016년 OECD 국가 자살률 데이터를 살펴보면, 10만 명당 자살률이 스웨덴 11.2명, 프랑스 13.1명, 벨기에 15.8명, 호주 12.8명, 뉴질랜드 11.8명, 한국 25.8명이다.

지속 가능한 나라

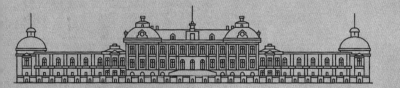

"A country that **can be sustainable**"

01

세컨핸드숍의 천국,
스웨덴

바쁜 일상을 살다보면, 여유가 넘치고 세련되었을 것만 같은 유러피언의 삶이 부러워지곤 한다. 하지만 실제 유럽인의 생활을 보면, 지나치다 싶을 만큼 철저한 그들의 검소함에 깜짝 놀라고 만다. 이러한 분위기를 반영하듯 세컨핸드숍(중고 가게)은 동네마다 꼭 있는 상점 중 하나이다. 소소한 액세서리에서부터 옷, 신발, 가구는 물론 그림 같은 것도 매물로 나오기도 한다. 그래서 운 좋은 날에는 정말 구하기 힘든 진귀한 물건을 취득할 수 있기에 아는 사람들에게는 인기 있는 장소이다.

이처럼 외관상으로 우리의 중고 가게와 큰 차이가 없어 보이지만, 사실 세컨핸드숍은 스웨덴 사회의 오랜 사회적 전통이 스며있는 사회 시스템의 하나이다. 세컨핸드숍은 중고 물품을 저렴하게 사고파는 차원을 넘어 자원 재활용을 통한 지속 가능한 사회를 유지하는 기능을 한다. 그리고 더 나아가 재활용품 판매를 통한 수입금이 제3세계를 위한 구호 자금으로 이어지는 등 매우 의미가 큰 사회 제도이다.

스웨덴에서는 이러한 기능을 담당하는 세컨핸드숍 운영 주체들이 있다. 개인이 운영하는 경우도 있지만, 90% 이상을 비영리단체가 운영한다. 이들은 시민들로부터 중고품을 기부 받고, 그 수익을 사회에 환원하는 등 민간 자원 연계 체계[48]의 중요한 연결 고리 역할을 한다. 스웨덴에서 민간 자원 연계로 가장 활발히 운영되고 있는 곳은 미로나(Myrorna), 스톡홀름 스타드미션(Stockholms Stadmission), 피엠유(Pingst Missionens Utvecklingsarbete: PMU) 등을 들 수 있다. 미로나는 구세군에 소속된 종교 자선 단체이고, 스톡홀름 스타드미션은 기독교 단체에서 시작했지만 현재는 사회적 기업의 형식으로 운영되고 있다. 피엠유는 핀란드 오순절 교회 총회에 소속된 종교

---

48 민간 자원 연계 체계란 민—관이 협력하여 기부금(품)과 자원봉사 같이 지역 내 비공식적 · 잠재적 복지 자원을 발굴하고, 연계하여 지역 내 복지 문제를 해결하기 위한 일련의 기제이다.

단체인데, 피엠유의 경우 제3세계 지원을 돕는 국제기구로서의 역할도 하고 있다. 특히 피엠유는 스웨덴 전역에 사무실이 있는 전국 단위의 비영리 단체이며, 지방 자치 단체인 코뮨과 파트너십을 맺고 있다. 또한 고용노동청, 사회보험청 등과의 협력을 통해 지역 사회 일자리 제공 및 일자리 훈련 등에 기여하고 있다.

피엠유의 대표적인 활동[49]은 다음 네 가지로 정리할 수 있다. 첫째, 지식을 통한 문제 해결이다. 피엠유는 구호 활동에서 가장 효과적인 접근 방법으로 백신, 항생제 등을 제공함으로써 빈곤 지역의 건강 유지를 위해 힘써왔다. 특히 에이즈, 말라리아 등이 확산되는 것을 방지하고 장기적인 관점에서 위생 상태를 완화하는 등 치료보다 예방에 더 집중적으로 지원하고 있다. 둘째, 장기적인 관점의 구호 활동이다. 빈곤으로부터 벗어나기 위해서는 헬스 케어뿐만 아니라 기술을 통한 자립이 가능할 수 있도록 돕고 있다. 예를 들면 목공, 재봉, 미용 등의 기술 교육을 통해 사회에 적응할 수 있도록 돕고 있다. 셋째, 사회 인식 변화를 위한 노력이다. 교육을 제공하는 것은 단순히 학교를 더 많이 짓고, 책을 많이 사서 배치

---

49 피엠유의 구체적인 활동을 확인하기 위해 홈페이지를 방문하여 참고하여 정리하였다.

하는 것이 아니라 학생과 교사들의 개인 역량을 강화시켜 줌으로써 자립할 수 있도록 돕는 것이라고 한다. 따라서 학교 교육뿐만 아니라 다양한 성인 교육에 많은 힘을 쓰고 있다.

넷째, 인도적인 도움 활동이다. 지진, 기근, 전쟁이 닥쳤을 때 구호 물품이 필요한 지역에 제대로 전달될 수 있도록 노력하고 있다. 그리고 재난 때문에 끊어진 네트워크를 연결해 주는 역할을 하며, 재난 지역에 머무르며 삶을 재건할 수 있도록 도움을 주고 있다. 그 외에도 우물, 주택 재건 등의 활동을 통해 도움을 주고 있다.

쇠데르텔리예[50]에 있는 피엠유 재활용 센터 근무자들은 대부분 자원봉사자들이며, 재활용품은 기부자들로부터 기부받는다. 수익의 일부는 교구에 배분하고, 나머지는 지역 사회 복지와 국제 구호 활동에 사용하고 있다. 그리고 피엠유는 코뮨과 제휴하여 지역 일자리 창출 및 직업 훈련에 참여하고 있다. 고용노동청에서 실시하는 인턴십을 피엠유에서 수행할 수 있으며, 일부 직렬은 직업 훈련 후 고용되기도 한다. 그리고 다양한 직업 훈련 실습의 장으로써 사회에 진출하기 위한 통로로 활용되고 있다. 특히 고령자, 장애인, 난민 등 사회

---

50 쇠데르텔리예 지점을 직접 방문하여 매장 담당자와 인터뷰한 내용을 반영하였다.

취약자들이 판매 물품의 보정(수리), 직업 훈련을 통한 물품 판매(목공, 재봉, 제빵 등 기술 습득을 통한 직접 생산 판매), 및 시술(미용, 네일 아트) 등을 통해 경제 활동을 시작하고 있다. 뿐만 아니라 직업 훈련 이후 창업을 하려는 자들에게는 소액 대출을 지원 받을 수 있도록 돕고 있다. 따라서 기술이나 자본이 상대적으로 부족한 자들에게 실질적인 도움을 주고 있다.

미로나(Myrona)

피엠유
(Pingst Missionens Utvecklingsarbete: PMU)

02

개인 건강과 공동체 환경 모두를 챙기는 스웨덴의 자전거 정책

스웨덴 관련 다큐멘터리 중 보좌관도 없이 혼자 자전거를 타고 출퇴근하는 스웨덴 국회의원의 모습이 방영된 적이 있다. 권위의 상징인 검은 대형 승용차 대신 소박한 자전거를 타고 가는 이들에게서 성숙한 민주주의 사회의 한 단면을 볼 수 있었기에 많은 사람들에게 잔잔한 감동을 안겼었다.

그런데 다큐멘터리에서 본 스웨덴 의원들이 단지 성격이 소탈해서 기꺼이 자전거를 타는 것일까? 그런 면도 크지만, 스웨덴에서의 자전거 이용은 개인의 건강은 물론 공동체의 건강(환경)도 함께 지킬 수 있는 행위로 인식되고 있다. 그래서 성별, 연령, 계층을 막론하고 자전거 이용이 권장되고 있다.

스웨덴에서 자전거 정책이 본격적으로 논의되기 시작한 계기는 1980년대 서유럽에서부터 전개된 녹색 운동의 영향 덕분이다. 당시 스웨덴에서도 점차 환경 이슈가 중요한 사회적 이슈로 대두되고 있었는데, 특히 대기 오염에 대한 사회적 관심이 매우 높았다. 이러한 사회적 분위기 속에서 생활속에서의 환경 오염 저감을 위한 방안으로 녹색 교통수단을 고민하게 되었다.

관련 논의에서 여러 가지 교통수단 중 자전거가 가장 먼저 거론되었다. 자전거는 스웨덴 국민들에게 익숙하면서도 친숙한 교통수단일 뿐 아니라 심폐기능과 하체 근력을 향상시킬 수 있는 좋은 운동의 하나이다. 또한 이미 고령화 사회에 진입한 스웨덴에서 전 국민의 자전거 이용을 증대시킬 경우 대기오염도 줄이면서 국민 건강도 같이 증진시킬 수 있는 일거양득의 정책이기 때문이었다.

스웨덴에서 자전거 이용률이 가장 높은 지역은 스웨덴 남부에 위치한 말뫼시다. 말뫼시는 지난 2015년 세계 자전거 도시 평가에서 6위를 하면서 세계적인 자전거 도시로 성장하였다[51]. 2015년 현재 말뫼시는 자전거 교통 분담률이

---

[51] 2011년 20위권 밖, 2013년 7위, 2015년 6위

25%[52]에 이르며 최근 10년간[53] 자전거 교통량은 50% 증가하는 등 자전거 애호 도시로서의 면모가 여실히 드러내고 있다.

말뫼 시 자전거 통행량 및 인구 추이

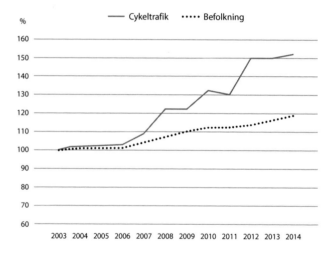

52 2018년 30% 목표

53 2003년~2014년

스웨덴에서 한국의 미래를 꿈꾸다

자전거 이용이 많아짐에 따라 말뫼시는 안전사고에 대비하여 교차로에 레이더 센서를 활용한 자전거 우선 신호 시스템을 설치하여 교통 흐름을 개선하고, 자전거 도로를 꾸준히 연장함으로써 지속적인 확충을 하고 있다[54]. 그리고 자전거를 안전하게 관리할 수 있는 대형 자전거 주차장을 주요 기차 및 전철역에 설치하여 시민들의 편의를 돕고 있다[55]. 말뫼시는 공공 자전거 약 500대, 무인 대여소 50개소를 운영하여 누구나 쉽게 자전거를 이용할 수 있도록 하고 있다[56].

말뫼시의 자전거 정책 중 주목할 만한 것은 어린이들의 신체 발달을 돕고, 자연스럽게 자전거 안전 규칙과 기술을 배울 수 있도록 하는 '자전거 사파리(Bike Safari)'이다. 그리고 가족이 함께 이용할 수 있도록 주변 지역의 주요 관광지를 연결하는 자전거 관광 코스(약 20Km)를 개발하였고, 자전거 통행량을 실시간으로 안내하는 자전거 바로미터(Cycling Barometer)를 설

---

54 말뫼시 자전거 도로 총 연장은 490km로 현재 스웨덴 내에서 최고 수준으로 평가 받고 있다. 1970년 100km, 1981년 170km, 1990년 220km, 2000년 300km, 2011년 451km, 2012년 467km

55 스웨덴 내에는 일반 주차 시설, 시건형 주차 시설 뿐만 아니라 화장실, 대기실, 카페 등에서 자전거를 수리할 수 있도록 편의를 제공하기도 한다.

56 스톡홀름시는 공공 자전거 약 1,500대 및 무인 대여소 약 140개소, 예테보리시는 공공 자전거 약 1,000대 및 무인 대여소 약 60개소에 이른다.

치하는 등 자전거 인프라 구축과 함께 다양한 운영 콘텐츠를 제공함으로써 시민들이 자연스럽게 자전거를 이용할 수 있는 여건을 조성하고 있다.

이외 버려지거나 방치된 자전거를 수리하여 판매하는 '자전거 경매' 행사로 자원의 재활용을 통한 환경 보호에도 앞장서고 있으며, 5Km 이내의 거리는 승용차보다는 자전거를 이용하라는 캠페인인 '어리석은 자동차 이용 없애기'도 매년 개최하고 있다.

이처럼 스웨덴은 자전거는 개인 건강과 환경 건강에도 좋으니 열심히 이용하라고 선전하기보다는 여러 노력들을 통해 국민들이 스스로 자전거를 즐기도록 돕고 있다. 이들은 제도나 시설만 갖추면 국민들이 저절로 이용할 것이라는 것은 한낱 신화에 지나지 않는다는 것을 이미 알았기 때문일 것이다. 나그네의 옷을 벗긴 것은 모진 바람이 아니라 따뜻한 햇볕이라는 이솝 우화의 교훈이 스웨덴의 자전거 정책에 고스란히 녹아 있음을 확인할 수 있었다.

03

청소년 정신 건강을
지키는 코뮌

2003년 9월 11일, 스톡홀름 시내 누디스카 콤파니엣(NK: Nordiska Kompaniet) 백화점에서 스웨덴 외교부 장관 안나 린드(Anna Lindh)가 괴한의 습격으로 살해되는 충격적인 사건이 발생하였다. 당시 스웨덴은 최근 영국의 브렉시트(Brexit) 찬반 투표와 같은 유로화 채택 찬반 국민투표(9월 14일)를 목전에 두고 있었기에, 그동안 유로화 채택을 강력히 주장했던 린드 장관에게 불만을 가진 자가 범인일 것이라는 예측이 있었다. 하지만 체포된 범인은 조현병 환자로 밝혀짐에 따라 조현병에 대한 스웨덴 사회의 관심이 급증하게 된 계기가 되었다.

스웨덴은 1990년 우익 정권이 집권한 뒤 예산 절감을 위해 사회 복지 비용을 축소하기 시작하였다. 축소 대상에는 조현병 환자에 대한 의료 지원 서비스도 포함되었는데, 중증 환자를 제외하고는 입원을 허용하지 않았고 기존 입원 환자들은 모두 가정으로 돌려보내는 조치를 취하였다. 이후 가정으로 돌아온 조현병 환자들은 제대로 된 약물치료나 재활 프로그램 지원을 받지 못하여 어려움을 겪게 되었고, 환자에 대한 사후 관리도 제대로 이루어지지 못하였다. 그 결과 조현병 환자들에게서 우울증으로 인한 자살, 가정 파탄 등의 문제들이 나타나기 시작하였다. 또한 조현병 환자에 의한 우발적 범죄 발생 등 조현병을 더 이상 개인적 차원의 문제가 아닌 사회적 차원에서 관리해야 한다는 주장이 대두하였다. 이런 상황에서 린드 장관 피살 사건은 조현병에 대한 사회 복지 정책을 전환하게 되는 중요한 계기가 되었다.

린드 장관 사건 이후 조현병에 대한 심각성을 인지한 스웨덴 정부는 관련 예산을 꾸준히 확대하였다. 특히 2014년 사회 복지 정책 개혁에서 청소년 조현병에 대한 지원 강화 방안을 발표하였다. 2016년부터 2018년까지 2년 동안 약 2억 8000만 크로나(한화 약 372억)를 투입하여 아동·청소년(아동-30세)에 대한 우울증 및 자살 예방 정책을 실시하겠다고 발표하였다.

이 정책을 통해 스웨덴 각 학교에는 전문 심리 상담원을 배치하고, 학생들의 정신 건강을 체계적으로 관리할 수 있도록 기존 양호실의 역할을 확대하도록 하였다(prop. 2015). 기능이 확대된 양호실은 기초 응급 처방뿐만 아니라 학업, 학교 폭력, 진로 등 다양한 상담 업무를 지원토록 하고, 약물 처방 등 선제적 조치를 시행할 수 있도록 하였다. 특히 심각한 사회 문제인 학교 폭력을 조현병 증상의 하나로 판단하고 이에 대한 치료가 학교에서 이루어질 수 있도록 하였다.

그리고 학교 밖 청소년은 지역 사회 교육과 의료 서비스를 책임지고 있는 코뮨에서 담당한다. 이미 학교 교육을 이수하였거나, 학교 교육을 받지 않는 20대 이후 청년들을 위해 코뮨 내 전문 상담을 받을 수 있도록 전문 상담원 배치를 의무화하여 조현병의 예방 및 조기 치료가 서로 연계될 수 있도록 조치하였다. 이를 통해 코뮨에서는 적극적인 심리 치료를 통해 충동적 자살과 우울증을 차단하기 위해 부단히 노력하고 있다.

스웨덴의 한 연구 결과에 따르면 조현병 환자의 범죄 발생율은 일반인의 4배에 달하는 것으로 나타났다(Lindqvist & Allebeck, 1990). 그러나 사회와 가정의 꾸준한 관심과 약물 치료의 병행으로 증상 완화나 충동적 행동을 예방할 수 있다는 점에서 초기 진단 및 대응은 매우 중요하다.

 최근 한국도 조현병 환자에 의한 충동 범죄에 대한 사회적 우려와 관심이 높아지고 있다. 그러나 불행히도 스웨덴과는 달리 한국에서의 조현병 환자의 약 70%는 제대로 된 상담조차 받아본 적이 없다고 한다. 그리고 국내 조현병 환자는 20대 이전에 발병하는 경우가 많고, 발병 후 2년이 지나면 치료가 매우 어렵다는 점에서 청소년에 대한 조현병 관리는 절실하다. 따라서 학교와 코뮨을 통해 젊은 세대의 조현병에 대한 지속적인 관심을 가지고 보살피는 스웨덴의 사례는 우리에게 좋은 귀감이 된다.

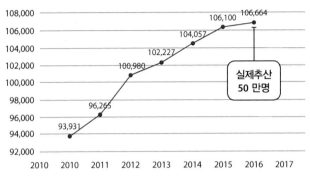

국내 조현병 환자 진료 현황
(2010년~2016년)

실제추산
50 만명

출처: 건강보험심사평가원

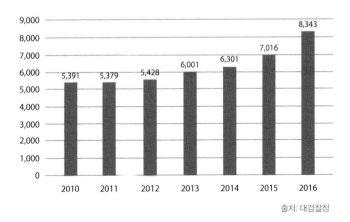

국내 정신질환 범죄자 검거 현황
(2010년~2016년)

출처: 대검찰청

04

청년을 위한
금융 복지

이제 한국에서도 가정 형편이 어렵더라도(소득 구간 분위 8분위 이하) 학자금 대출(등록금 및 생활비)을 이용하여 학업을 마친 뒤, 취업 등으로 소득이 발생하게 되면 소득 수준에 따라 원금과 이자를 상환할 수 있도록 하는 "취업 후 상환 학자금 대출"이 보편화되었다[57]. 하지만 경기가 어려워짐에 따라 사회 초년생들이 취업을 못하여 아르바이트를 전전함에 따라 대출 상환은커녕 생활도 제대로 영위하지 못한다는 안타까운 소식들이 많이 들린다. 대학 등 고등 교육을 이수한 청년이 우리 사회의 새로운 일원으로써 당당히 역할을 감당해야

---

[57] 한국장학재단 www.kosaf.go.kr

하나, 그 시작조차 하지 못하는 지금의 상황은 개인적 불행일 뿐 아니라 국가 경쟁력 측면에서 볼 때도 큰 손실이다. 지금 스웨덴도 우리와 마찬가지로 경기 불황으로 인해 사회에 첫 발을 내딛는 것이 무척이나 어려운 상황이기는 하나, 국가와 지역사회가 다양한 방법으로 이들의 사회 진출을 돕고 있다.

일반적으로 스웨덴에서는 자녀가 20세가 되면 부모로부터 독립한다. 최근 스웨덴 집값이 크게 상승하여 독립 시기가 다소 늦춰지기는 했으나, 성인이라면 당연히 스스로의 삶을 책임져야만 한다는 경향이 강하게 남아있다. 이러한 사회적 현상은 비단 문화적 특성뿐만 아니라 국가가 제공하는 학자금 대출 제도의 우수성에서 기인한다.

스웨덴은 초 · 중 · 고 교육 모두 국가가 무상으로 제공하며, 특히 부모의 경제력이나 장애 유무에 따라 지급액의 차이는 있지만, 만 15세부터 20세까지의 모든 학생이 학업 보조금을 받을 수 있다[58]. 학업 보조금은 보호자가 아닌 학생에게 직접 지급되므로 일찍부터 경제적 독립을 준비할 수 있다. 그리고 만 19세를 지나면 고등 교육을 받을 수 있게 되는데 대

---

[58] 1인낭 1,050 크로나이며, 부모이 경제적 상황에 따라 285~855 크로나를 추가로 지원받을 수 있다. 그리고 거주지가 아닌 다른 곳에서 공부할 경우 부모의 성세적 싱횡이나 학교와의 거리에 따라 1,190~2,350 크로나를 더 지원 받을 수 있다.

학교는 물론 성인 교육 및 직업 교육까지 그 비용을 국가가 제공한다. 하지만 생활비나 주택 지원은 무상으로 제공하지 않지만, 별도의 대출 프로그램을 이용할 수 있다. 학생을 위한 생활 대출은 보유 자산이나 동반 가족 수에 따라 금액이 달라지며, 자격 요건에 해당될 경우 학기별로 신청할 수 있다. 대출을 위해서는 학업에 75% 이상 전념하는 것이 필수 조건이며, 만약 이 기준을 충족하지 못할 경우 자격을 상실하게 된다. 하지만 다음 학기에 다시 요건을 충족할 경우 새롭게 지원이 가능하다. 스웨덴 학생들은 대부분 부모로부터 생활비를 지원받기보다는 대출을 통해 독립하여 생활하고 있으며, 만약 대출 요건을 충족하지 못하여 중도 탈락하게 되면 생활이 어려워지기 때문에 학업을 도외시할 정도로 경제 활동에 종사하기보다는 자격 유지를 위해 스스로 연구에 전념하는 등 긍정적인 효과가 있는 것으로 평가받고 있다.

대출 이자는 원금의 1%이며 원금 상환은 졸업 후 무직 상태가 아니라면 원금과 이자를 함께 갚아 나간다. 만약 직장을 구하지 못했을 경우 취업할 때까지 유예할 수 있고, 중도에 전공이나 진로를 변경하여 학업 기간이 연장될 경우 이전 학자금은 유예하고 새로운 대출을 받을 수도 있다[59].

주택 관련 대출은 구입을 위한 대출, 렌트를 위한 대출, 가구 구입을 위한 대출 등으로 구분된다. 자산, 동반 가족, 주택 규모, 가구 구비 여부[60]에 따라 대출 금액이 다르다. 이자는 보통 1% 정도이며, 상환은 대출 실행 후 2년이 경과한 시점부터 개인 사정에 따라 1~7년까지 나누어 갚을 수 있다. 주택 대출을 받을 경우 필요한 가구의 구입을 위하여 대출을 중복해서 추가로 받을 수 있다.

학생 및 청년 대출 관련해서 중앙 학생 지원 기관(Centrala Studeistodnamnden:이하 CSN)이 담당하고 있다. CSN은 고등 교육 과정에 등록한 학생들뿐만 아니라 성인 및 직업 교육에 등록한 사람(56세까지), 장애를 가졌거나, 장애아를 둔 부모, 외국에 거주하는 학생 및 연구자, 스웨덴에 유학 온 사람들까지 다양하게 지원하고 있다. 학자금, 학생 생활 대출 등 교육 지원을 비롯하여 성인 및 전문 기술 교육, 실업 교육 지원을 통해 노동 시장에 재진입하기 위한 준비 기간에도 생활에 어려움이

---

59 학생 대출은 56세까지로 제한한다.

60 스웨덴 주택은 장롱, 식탁 등 가구 일체가 구비된 경우와 입주자가 구비해야 할 경우로 나뉜다.

없도록 지원하는 역할을 하고 있다. CSN은 현재 전국 11개 지점에 약 900명의 직원이 근무하고 있다.

스웨덴은 한국과 달리 학생뿐 아니라 직업을 갖고자 준비하는 청년들까지도 금융 제도를 통해 지원하고 있다. 이러한 제도적 뒷받침을 통해 일정 나이가 되면 획일적으로 대학에 진학하기보다는 개인의 선호와 특성에 따라 진학을 하든지 아니면 취업이나, 창업 등 다양한 경험을 쌓든지 선택할 수 있다. 따라서 스웨덴 청년이라면 비록 지금은 다른 길을 걷고 있더라도, 만약 대학 공부가 필요하거나 새로운 기술을 익히고 싶을 때면 언제라도 학교 등 배움터로 돌아올 수 있는 제도적 사다리가 준비되어 있다. 이 사다리가 바로 스웨덴 청년들을 위한 금융 복지 제도이다. 이를 통해 오늘날의 스웨덴 청년들은 한 번의 선택으로 모든 것을 결정하는 대신, 지금도 끊임없이 고민하고 다양한 경험을 통해 보다 나은 삶을 만들어 가고 있다.

05 ___

위기에서 무조건 살아남아라!
스웨덴의 안전 관리

　　최근 요양 병원, 스포츠 센터 등 다중 이용 시설물에서 발생한 비극적인 참사로 그 어느 때보다 시설물 안전에 대한 관심이 높아졌다. 이에 대해 정부는 소방 인력을 충원하고, 시설물 안전 관리를 강화하겠다고 발표하는 등 관련 대응책을 발표하였다.

　복지와 더불어 안전 선진국이라 불리는 스웨덴도 당연한 얘기겠지만 처음부터 안전 문제에 잘 대처했었던 것은 아니다. 1875년 스웨덴의 중부 도시 티다홀름(Tidaholm)의 성냥 공장에서 화재로 인하여 여공 46명이 사망하는 사건이 발생하였다. 피해자 대부분은 어린 10대 여성이었으며, 특히 미상·

구와 출입구가 짐 등으로 막혀 있었던 것으로 조사되었다. 이 사건을 계기로 스웨덴은 대부분의 시설들에 대한 정기 안전 점검과 화재 대비 훈련을 의무화하였다.

현재 스웨덴의 모든 기관은 계획 및 건축법(PBL)과 사고방지법(LSO)에 따라 건물을 설계하고, 안전 관리 및 교육을 해야 한다. 먼저 건물의 벽면 위쪽이나 천장에는 화재 감지기를 설치해야 하며, 화재 대피로 도면은 현관 맞은편에 부착해야 하고, 소화기나 소화 담요 등 소방 보조 기구는 비상시 누구나 쉽게 찾을 수 있는 위치에 배치해야 한다. 또한 안전 점검을 정기적으로 실시하고, 규정을 따르지 않았거나 해당 기기가 제대로 작동하지 않을 경우 벌금과 영업 정지 등 벌칙을 부과한다. 그리고 오래된 건물의 경우 방화문이나 방화벽 등의 교체 시기까지 지정하여 조치하도록 하는 등 안전한 건물이 될 수 있도록 관리하고 있다. 시설물 안전 유지 노력은 비단 공공시설뿐 아니라 일반 가정집들도 함께 따르도록 권고되고 있다. 그래서 스웨덴 가정집의 경우 약 96% 이상이 화재 감지기를 설치하였고, 소화기와 소방 담요 등 최소한의 소방 보조 기구를 항시 구비하고 있다. 또한 화재 예방 및 안전 교육은 각 건물이 소속된 코뮨에서 실시하고 있다.

스웨덴 다중 시설물의 실제 안전 관리 현황을 조사하고 자 브롬마(Bromma)에 위치한 조세핀 가톨릭 요양원(Stiftelsen Josephinahemmet)[61]을 방문하였다[62]. 요양원은 화재 등 비상사태 에 대비하기 위해 자체적인 노력도 기울이는 한편, 안전 관리 및 화재 예방과 관련하여 업체와 기관[63]으로부터 평가를 받 고 있다. 요양원의 구체적인 안전 관리 현황은 아래와 같다.

먼저 요양원은 안전 관리와 화재 예방 교육을 위해 두 명 의 전담자를 두고 있으며, 직원 안전 관리 및 예방 교육은 수 시로 이루어진다. 교육 내용은 화재 시 혼란을 막고 인도자를 따라 안전하게 대피할 수 있는 요령, 소방 보조 기구 사용법, 대피가 어려울 경우의 대책 등에 대한 것이다. 특히 위기 발

---

61 최근 노인 요양원에서 노인 공동 주택으로 그 역할이 바뀌었지만 기관 이름은 그대 로 사용하고 있으므로 용어를 요양원으로 통일하여 서술한다.

62 조세핀 가톨릭 요양원은 가톨릭 정신을 바탕으로 한 비영리 단체에서 운영하는 가톨 릭 노인 요양 시설로 1873년에 설립되어 현재 39가구가 머무르고 있다. 이 시설은 24시간 도움이 필요한 65세 이상 가톨릭 노인이 거주하면서 간호조무사의 도움을 받을 수 있는 시설이었지만, 최근 65세 이상 가톨릭 신자인 노인이면 누구나 신청하 여 거주할 수 있는 노인 공동 주택으로 바뀌었다. 그리고 간호조무사들은 입주자만을 위하여 존재하는 것이 아니라 코뮌 내 도움이 필요한 가정도 방문한다. 따라서 조세 핀 가톨릭 요양원은 노인 공동 주택 관리뿐만 아니라 간호조무사들을 관리하는 역할 도 수행하고 있다.

63 시설 관리 업체(화재 알람 패널, 컴퓨터 체크 등), 소방 보조 기구 점검 업체(소화기 점검, 비상등 및 벨 확인 등), 시설 공인 검사 업체(시설 관리 업체와 소방 보조 기구 점검 업체의 확인이 제대로 되었는지를 검사하는 업체) 등 3개 업체의 평가를 받은 후 최종적으로 소방 당국의 감독이 이루어진다.

생 시 즉각적인 대피가 어려운 노인들이 거주하고 있는 시설이므로 화재가 발생할 경우 무리해서 밖으로 대피하기보다는 밖으로의 대피가 여의치 않을 경우 방화문을 닫고 연기를 최대한 마시지 않도록 대처한 후 안전하게 구조를 기다릴 수 있도록 중점적으로 교육한다.

또한 모든 방에는 화재 감지기가 설치되어 있다. 만약 화재 감지기가 작동하게 되면 몇 호실에서 호출이 왔는지를 직원에게 알려주고 가장 가까운 곳에 있는 직원은 화재 알람 패널(각 층마다 양쪽으로 하나씩 있음)의 빨간 버튼을 1분 안에 눌러야 한다. 그리고 화재 상태를 확인했는데, 직접 진압할 수 있거나 단순 오작동으로 판단되면 5분 안에 녹색 버튼을 다시 눌러야 한다. 만약 빨간 버튼과 녹색 버튼을 제시간에 담당자가 누르지 않을 경우 소방서, 경찰서, 병원에 자동 연결되어 보통 6분 이내 즉시 출동이 이루어진다. 화재 감지기가 작동하면 건물 내 중앙 화재 알람 시스템에 등록이 되고, 조치 결과는 안전 관리 평가를 위한 데이터로 기록된다.

이외 주목할 것은 사람들이 많이 모이는 카페나 예배실(1~2층)은 최소 3개 이상의 대피로를 갖추고 있는 것이다. 그리고 대피로는 항상 장애물이 없도록 관리하고 있으며, 비상

탈출구는 제대로 열리는지 수시로 확인한다.

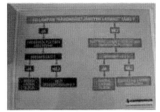

화재 알람 패널

　또한 세탁실과 식당에는 일반 소화기 외에 전용 소화기를 하나 더 상시 배치하고 있으며, 소화기는 1년에 한 번 상태 점검을 한 후 확인 스티커를 부착하여 일정 기간이 경과한 경우 교체하도록 하고 있다. 그리고 화재 예방을 위해 게시판을 비롯한 건물 곳곳에 안전 문구를 부착하는 등 화재 예방 홍보를 지속적으로 펼치고 있다.

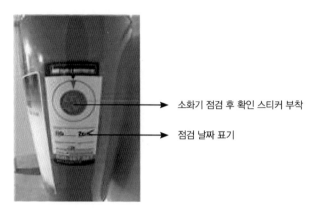

소화기 점검 후 확인 스티커 부착

점검 날짜 표기

소화기 점검 스티커

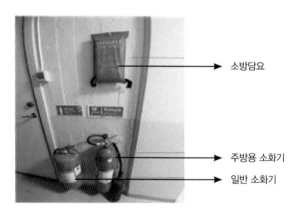

소방담요

주방용 소화기

일반 소화기

소화기 종류 및 소방담요

스웨덴에서 한국의 미래를 꿈꾸다

비상대피로

　이상의 노력을 통해 조세핀 가톨릭 요양원은 시설 이용자와 직원들의 안전을 보장하고자 최선을 다하고 있다. 특히 고령자인 시설 이용자가 위기 상황에서 적절한 대처를 통해 생존할 수 있도록 맞춤형 교육을 지속적으로 실시하고 있다는 것은 매우 중요하다. 왜냐하면 모든 사람이 갑자기 들이닥친 위험에 대해 신속하고 이성적으로 대처할 수 없다는 지극히 상식적인 수준에서 생존 교육이 시작되기 때문이다.

06

겨울나기 대책:
한파·폭설대응

지난 3월, 갑자기 불어 닥친 시베리아 한파로 전 세계는 추위와 싸워야 했다. 추운 기후 때문에 겨울 준비를 잘 해왔던 북유럽조차도 폭설로 인한 교통사고, 추위로 인한 동사 등 한파에 제대로 대응하지 못하였다.

하지만 몇 건의 사고가 있기는 했지만, 스웨덴에서는 인명 사고가 발생하지 않는 기적과 같은 일이 있었다. 그동안 스웨덴은 폭설이나 추위를 국가가 대응해야 할 재난의 하나로 인지했다. 그래서 한파로 인한 사고가 발생하지 않도록 사전에 다양한 정책을 실시하여 왔다. 스웨덴은 한파에 대비하기 위하여 중앙 정부와 지방 정부의 역할을 구분한다. 먼저 중앙 정부는 국가 차원에서 한파 대비 요령이나 가이드라인을 작성하여 각 지방 정부에 전달한다. 가이드라인에는 폭설로 인해 고립될 경우 생존 대처 방안 및 구호 요청 방법 등의 내용이 담겨 있다. 그리고 도로교통법에 근거하여 겨울철 자동차 타이어 교체(매년 12월 1일부터 다음해 3월 30일까지 의무 장착)와 차량 점검을 강제하고 있다. 또한 근로환경법에 근거하여 겨울철 각 사업장의 실내 온도는 20-26℃(여름철 20-24℃)를 유지하도록 하고 있다. 따라서 근로자가 열악한 환경 속에서 근로하지 않을 권리를 법으로 보장하고 있다. 그리고 스웨덴은 주택법에 따라 임대주택은 난방비를 임대료에 포함하도록 함으로써 난방비로 인해 기본권이 훼손되지 않도록 하고 있다. 뿐만 아니라 낡은 임대주택은 단열 및 에너지 효율을 높일 수 있도록 점진적인 보수 작업을 통해 전체 난방의 효과를 높이고 있다. 또한 스웨덴은 교육법에 근거하여 어린이집이나 유치원에서는 반드시 야외 활동을 포함하도록 하고 있다. 일반적으로 각 기관에 따라 세부적인 기준은 다르지만, 어린이집의 경우 외부 온도가 5℃ 이상이면 야외 활동을 하고 있다. 이는 스웨덴의 겨울을 극복하기 위한 교육 철학의 일부로 볼 수 있다.

다음으로 지방 정부는 중앙 정부에서 전달한 한파 대비 가이드라인을 지역 주민들에게 전달한다. 지방 정부의 세부적인 내용은 각 지역 상황에 따라 다르지만, 지방 정부가 지역민들이 한파나 폭설로 인해 불편을 겪지 않도록 사회 서비스를 제공한다는 기본 틀은 동일하다. 지방 정부의 대표적인 사회 서비스는 제설 작업이다. 스웨덴은 한국과 마찬가지로 집 앞의 눈은 집주인이 치우도록 하고 있지만, 차도나 도로의 제설 작업은 지방 정부가 담당한다. 일부 지방 자치 단체에서는 어린이, 노인, 여성 등의 동선을 고려하여 제설 작업의 우선순위를 결정하고 있다. 이는 성별 영향 분석 평가를 통해 여성 보행자가 남성에 비해 많고, 이는 한파나 폭설 이후 보행자들의 관련 부상이 운전자들의 사고보다 더 많다는 것에 중점을 두고 실시한 정책이다. 그동안 제설 작업은 차도를 중심으로 이루어지고 있었다. 그러나 이 정책을 실시하는 지방 자치 단체는 1순위로 보도와 자전거 도로, 어린이집, 유치원이 있는 차도를 가장 먼저 치우고, 2순위로 큰 회사 주변이나 병원, 여성들이 많이 다니는 직장을 중심으로 작업이 이루어지며, 3순위는 학교로 가는 보도와 자전거로의 순으로 제설 작업을 실시한다. 이 정책은 사회적 약자를 배려함과 동시에 관련 부상자들이 줄어들어 궁극적으로 의료 서비스의 예산을 절약하는

도로제설작업

효과를 동시에 가지고 왔다고 평가된다.

요즘에는 사상 최고의 추위 혹은 사상 최고의 더위라는 말을 종종 듣고 있다. 갑작스러운 기후 변화의 영향은 단순히 생활의 불편을 겪는 수준을 넘어 사람의 생명을 위협할 정도의 재난으로 발전할 수도 있다. 또한 과거에는 미처 경험하지 못했던 극심한 기후변화의 영향을 매년 새롭게 목격하게 될지도 모른다. 이러한 상황에서 정부가 재난에 대한 책임을 지고 적극적으로 대응하는 스웨덴 정부의 자세는 우리에게도 시사하는 바가 크다. 이러한 정부의 노력이 쌓여나갈 때 비로소 국민은 정부를 신뢰하기 때문이다. 정부의 적극적인 대응과 국민의 신뢰 이것이 바로 스웨덴의 겨울나기의 시작이다.

07

반려인의 자격

유기견 구출 등 적극적으로 동물 보호 활동을 펼쳤던 모 시민 단체가 사실은 상당수의 유기견을 안락사 시켰다는 충격적인 소식이 내부 고발을 통해 알려졌다. 이로 인해 동물 보호 문제가 다시 사회적 이슈로 떠올랐고, 비슷한 시기에 정부는 동물을 확대해 죽음에 이를 경우 3년 이하의 징역 또는 3천만 원 이하의 벌금에 처한다는 내용의 동물 보호·복지 강화 정책도 발표하였다. 이제 우리 사회도 동물에 대한 시각이 주인이 일방적으로 사랑을 준다는 애완(愛玩) 대신 서로가 함께한다는 반려(伴侶)로 바뀌고 있다.

복지 천국이라는 스웨덴은 한국과는 다른 관점에서 반려견을 보호한다. 한국은 주인이 반려동물을 학대하는 등의 문제가 발생할 경우 처벌하지만, 스웨덴은 반려견이 행복해할 수 있는 조건을 충족하지 못할 경우 처벌할 수 있는 강행 규정을 두고 있다. 즉 아무나 반려견을 키울 수 있는 것이 아니라 반려인이 될 수 있는 자격이 있는 사람만이 반려견을 키우도록 함으로써 유기견 문제, 반려견 학대 등의 문제를 사전에 예방하고 있다. 이러한 조치의 이면에는 동물도 인간과 같이 감각이 있는 존재로 인식하기 때문이다.

현재 스웨덴에는 인구의 약 20%에 해당하는 반려견이 있는 것으로 알려져 있고, 모든 개들은 의무적으로 농무부(Jordbruksverket)에 ID를 등록해야 한다. ID는 생후 4개월 이전에 등록해야 하며, 생후 3개월 이상인 개를 입양한 반려인은 4주 이내에 신고 등록을 마쳐야 하고, 반려견 사망, 주인 변경, 반려견 이름 변경 등이 있다면 반드시 변경 신고도 해야 한다. ID는 반려인의 선택에 따라 마이크로칩, 문신 등 2가지 방법으로 라벨링이 가능하고, 경찰, 카운티 관리 위원회, 세관 등에 반려인과 반려견의 정보가 공개된다. 이러한 제도를 통해 스웨덴에서는 유기견이 발생할 경우 빠르게 조치할 수 있다. 만약 반려견이 길을 잃고 배회할 경우 경찰이나 카운티 관리 위원회는 해당 반려견의 ID를 조사하여 반려인에게 돌려주는데 이러한 행위가 수차례 반복된다면 반려인은 동물 학대 혐의로 벌금 또는 최대 2년 이하의 징역에 처해질 수 있다. 또한 반려견에 대한 전적인 책임은 반려인에게 있기 때문에 만약 반려견이 누군가를 위협하거나 상해를 입혔다면 반려인이 전적으로 책임을 지도록 하고 있다.

스웨덴의 반려견 관련 규정[64]은 2008년에 시행되었다. 농무부가 이 업무를 담당하고 있으며, 주요 내용은 다음과 같다. 첫째, 산책 의무이다. 최대 6시간마다 한 번씩은 반려견의 사회적 활동을 위해 산책을 시켜야만 한다. 그리고 자연 보호 및 사냥 구역일 경우 반려인은 반려견을 보다 엄격히 통제해야 한다. 둘째, 자유로운 활동의 보장이다. 실내에서는 매어 둘 수 없으며, 우리 안에 가둘 수도 없다. 불가피하게 묶거나 이동해야 할 경우 최대 2시간 이내까지만 허용된다(박물관 및 전시관 등, 사냥 시즌은 최대 8시간.). 셋째, 적절한 치료이다. 반려견이 아프거나 다쳤다면 가능한 빨리 동물 병원에서 치료를 받도록 해야 한다. 넷째, 공간의 청결성과 보온성 유지이다.

---

64 반려견 관련 규정은 농무부(Jordbruksverket)에서 발간한 'Djurskyddsbestämmelser Hund'에서 확인할 수 있다.

반려견을 키울 수 있는 실내 공간의 암모니아 수치는 10ppm 미만, 이산화탄소 수치는 3000ppm 미만이어야 한다. 또한 반드시 창문이 있어, 충분한 햇볕과 바람을 쐴 수 있도록 해야 한다. 만약 창문이 어려울 경우 반려견을 위한 조명이 필요하며 실내 온도는 10~21도 사이어야 한다. 다섯째, 공간의 적합성이다. 반려견을 키우기 위해서는 반려견의 크기, 수에 따른 허용 가능 공간이 정해져 있다. 또한 반려견의 쉼터나 집의 크기도 반려견 종류에 따라 필요 공간의 최소 크기 이상이어야 한다. 그리고 반려견의 수와 상관없이 독립된 공간을 보장해야 하며, 하나의 공간을 나누어야 할 경우 파티션을 두는 등 반드시 공간을 분리해야 한다. 그 외 반려견의 집은 검사가 쉽고, 세척·소독이 가능해야 하고 화재 시 반려견을 보호할 수 있는 화재 진압 장비가 있어야 한다. 여섯째, 반려견에게 스트레스를 줄 수 있는 보호 장치를 제한적으로 사용해야 한다. 예를 들어, 입을 막는 마우스피스는 일시적으로 사용 가능하며, 날카로운 장식이 있어 상처를 주거나 전기 태그는 사용할 수 없다. 일곱째, 반려견을 데리고 이동할 경우 승객석에 태워야 하며, 불가피할 경우 트렁크를 이용할 수 있다. 차량 실내 온도가 −5도 이하이거나 25도 이상이라면 차에 대울 수 없고, 탑승 시 애견 시트를 이용해야 한다. 여덟째, 반려견과 관련된 업종에 종사하기 위해서는 특수 자격 기술이 필요하다. 아홉째, 수술이 필요할 경우 반드시 전문 수의사가 집도해야 한다. 성대 수술은 절대 금지되며, 꼬리와 귀의 절개는 수의사와 상담 후 가능하지만 제왕 절개는 2회로 제한된다.

반려인의 자격 요건과 의무에 대한 사항은 각 지역에 있는 카운티 관리 위원회가 관리·감독한다. 만약 동물 학대 신고가 접수되면 카운티 관리 위원회의 동물 복지 담당관과 경찰이 함께 출동하여 사건을 조사하며, 동물 복지 규정을 위반한 사항이 밝혀진다면 경중에 따라 벌금 또는 최대 2년 이하의 징역에 처해질 수 있다. 그리고 학대의 정도가 심할 경우 향후 반려 동물에 대한 접근 금지까지도 가능하다.

이처럼 강력한 반려견 보호 장치로 인해 스웨덴에서의 반려견 학대나 유기 등의 문제 발생 빈도는 상당히 낮다. 이는 반려견을 괴롭히지 않는 수준을 넘어 반려견이 행복하기 위한 조건을 반려인이 이행할 수 있도록 확실하게 규정하고 있기 때문이다. 그럼에도 불구하고 재미있는 사실은 최근 스웨덴에서는 새로운 동물 법안이 추진되고 있다는 사실이다. 근래 들어 유기묘가 크게 증가했기 때문인데, 반려견에 대한 강력한 보호 조치가 반려묘까지 이어지지 않기 때문이다. 앞으로 바뀔 동물법이 스웨덴의 반려묘도 진정 행복하게 만들 수 있을지 관심을 가지고 지켜보고자 한다.

참고문헌

| 논문 및 단행본 |

1 한국보건사회연구원(2016), "스위스 기본 소득 국민투표", 글로벌 사회정책 브리프, Vol 24

2 OECD 대한민국 정책센터 (2013), 사회 서비스 재정 지원 방식과 공급 주체의 성격 및 품질관리 기저에 대한 국가 간 비교 연구 – 성인 재가 돌봄 서비스를 중심으로

3 신필균(2011), 「복지 국가 스웨덴」, 서울: 후마니타스

4 Arbetsmiljöverketrapport. 2014:3

5 Arbetsplatsensutformning AFS 2009:2

6 Dir. 2015:22 특별위원회 임명 지침서
   DS 2009:21 (2009), "Bortom krisen: Om ettframgångsiktSverigeI den nyaglobalaekonomin"

7 DS 2013:19 (2013), "Svenskaframtidsutmaningar: SlutrapportfrånRegeringensFramtidskommission"

8 European Commission (2018), "Platform Workers in Europe – Evidence from the DOLLEEM Survey".

9 folkhälsomyndigheten (2017), "Ett Nationellt Handingsprogram för Suicidprevention".

10 Henrik. B. & Lars, T., (2015), 「Ar svensken människa?」,

Norstedts, Stockholm

11 Jordbruksverket (2015), ⌈Djurskyddsbestammelser Hund⌋

12 Karin Svanborg-Sjövall (2014), "Privatising the Swedish Welfare State". Economic Affairs 34(2), pp.181-192

13 Lindqvist P, Allebeck P. Schizophrenia and crime: A longitudinal follow-up of 644 schizophrenics in Stockholm.

14 Makt att forma samhället och sitt eget liv – nya mål I jämställdhetspolitiken [The power to Shape Society and Your Own Life: Towards New Gender Equality Policy Objectives] (SOU 2005:66)

15 Policy Objectives and a New Government Agency – Effective Governance of Swedish Gender Equality Policy (SOU 2015:86)

16 Rönnmar. Mia. (2004), 'The Personal Scope of Labour Law and the Notion of Employee in Sweden', The 7th JILPT Comparative labour law seminar In 2004, JILPT Report p.159-165

17 SAKAR(Swedish Association of Local Authorities and Regions) (2014), An association for its members.

18 Sveriges Kommuner och Landsting (2012), "Vägen till ett cyklande samhälle".

19 _____ (2013), 150 år av självstyrelsen: Kommuner och landting i förändring.

20 Socialförsäkringsrapport. 2014:4.

21 Tomas Lundahl(2003), Fires in Swedish match factories in the 1920's Caused by White Phosphorus-Contaminated Red Phosphorus. p. 65-81

| 웹 자료 |

1   http://www.government.se/articles/2015/11/gender-equality-part-of-the-solution-to-challenges-in-society/

2   http://www.government.se/articles/2018/01/the-government-of-sweden-takes-action-against-sexual-violence-and-harassment/

3   http://www.government.se/government-of-sweden

4   http://www.government.se/government-policy/a-feminist-government/

5   http://www.government.se/government-policy/gender-equality/goals-and-visions/

6   http://www.government.se/information-material/2016/11/factsheet-national-strategy-to-prevent-and-combat-mens-violence-against-women/

8   http://www.government.se/information-material/2017/03/summary-of-the-government-communication-power-goals-and-agency—a-feminist-polic

9   http://www.lausti.com/focus/2000/andersson.html

10   http://www.trafikverket.se/contentassets/4aa902c4497449c29e82df1ce5482d54/regional_cykelplan_stockholms_lan_2014.pdf

11   https://data.oecd.org/healthstat/suicide-rates.htm

12   https://en.wikipedia.org/wiki/The_Swedish_Theory_of_Love

13   https://skl.se/tjanster/kommunerlandsting.431.html

14   https://sweden.se/culture-traditions/10-swedish-myths-uncovered/

15   https://www.government.se/government-policy/labour-law-
      and-work-environment/19771160-work-environment-act-
      arbetsmiljolagen/

16   https://www.government.se/government-policy/labour-law-
      and-work-environment/19771160-work-environment-act-
      arbetsmiljolagen/

17   https://www.government.se/press-releases/2018/06/the-
      government-adopts-swedens-action-plan-for-the-2030-agenda

18   https://www.independent.co.uk/news/business/news/sweden-six-
      hour-working-day-what-happened-trial-a7574126.html

19   https://www.ippr.org/research/publications/self-employment-in-
      europe

20   https://www.oecd-ilibrary.org/social-issues-migration-health/
      fertility-rates/indicator/english_8272fb01-en

21   https://www.transportstyrelsen.se/sv/vagtrafik/

| 신문기사 |

1   http://news.sbs.co.kr/news/endPage.do?news_id=N1003586724&
      plink=ORI&cooper=NAVER '국내 조현병 환자 50만 명...80%는
      방치'

2   http://www.hani.co.kr/arti/society/society_general/477757.html
      2011.5.12.

3   http://www.sciencealert.com/sweden-is-shifting-to-a-6-hour-workday

4   http://www.totallymoney.com/work-life-balance

5   https://www.thelocal.se/20080326/10716

6   https://www.thelocal.se/20170807/swedish-government-should-do-more-to-prevent-suicides-charity-argues

7   https://www.thelocal.se/20180110/swedish-government-proposes-ban-on-abandoning-pets

8   https://www.thelocal.se/20181126/suicides-increasing-amongst-swedish-youth

9   https://www.youtube.com/watch?v=udSjBbGwJEg

10   Kal-Gösta Bergström, "Miljöpartiets fem omogna beslut"[Five innature decisions by the Green Party], Expressen, 2015.6.14.

11   Malin Ekman, "Medborgarlön allt mer realistiskt instrument"[Citizen's income getting increasingly realistic as a policy] Expressen. 2015. 11.2

12   Martin Ådahl, "Medborgarlön är dåligt för miljön"[Citizen's income is bad for the environment] Svenska Dagbladet, 2015.10.7.

13   Roland Paulsen, "Attstraffa de arbetslösa är en grymhet av historiska mått"[Punishing the unemployed is an injustice of historical proportions] Dagens Nyheter, 2015.7.15.

| 인터뷰 자료 |

| 관련 기관 및 단체 |